© Panida Iemsirinoppakul, 2015
Simplified Chinese language translation rights arranged through Chengdu Tongzhou Culture Communication Co., Ltd.
版贸核渝字（2014）第 214 号

图书在版编目（CIP）数据

可爱伦敦小旅行 /（泰）娃娃著；林利琬译. —重庆：重庆出版社，2015.9
书名原文：London Guggig Guide
ISBN 978-7-229-09895-7

Ⅰ. ①可… Ⅱ. ①娃… ②林… Ⅲ. ①旅游指南—伦敦 Ⅳ. ①K956.19

中国版本图书馆 CIP 数据核字（2015）第 108778 号

可爱伦敦小旅行
KE'AI LUNDUN XIAOLÜXING
[泰] 娃娃 著 林利琬 译

出 版 人：罗小卫
责任编辑：钟丽娟
责任校对：杨 媚
插 图：[泰] 妮塔·齐娜莱
装帧设计：重庆出版集团艺术设计有限公司·刘沂鑫

重庆出版集团 出版
重庆出版社

重庆市南岸区南滨路 162 号 1 幢 邮政编码：400061 http://www.cqph.com
重庆出版集团艺术设计有限公司制版
自贡兴华印务有限公司印刷
重庆出版集团图书发行有限公司发行
E-MAIL:fxchu@cqph.com 邮购电话：023-61520646
全国新华书店经销

开本：787mm×1 230mm 1/32 印张：7.25 字数：100 千
2015 年 9 月第 1 版 2015 年 9 月第 1 次印刷
ISBN 978-7-229-09895-7
定价：34.00 元

如有印装质量问题，请向本集团图书发行有限公司调换：023-61520678

版权所有 侵权必究

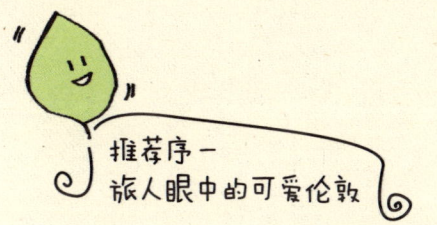

推荐序一
旅人眼中的可爱伦敦
Guggig Is in the Eyes of the Beholder

　　这本书是娃娃（Tukta）"小旅行"（Guggig Guide，guggig 指可爱又小巧的物品，像是小耳环、帽子、小居家饰品等）的其中一本，这一次也是她人生最重要的旅行之一，她很勇敢地跑到离家非常远的欧洲。

　　我承认，一听到娃娃要去英国伦敦找 Guggig 的东西，我就皱了眉，伦敦是个小巧可爱的城市吗？听说英国是一个很注重礼貌的国家，那里会有她想找的东西吗？

　　伦敦很漂亮⋯⋯Yes！

　　伦敦很酷⋯⋯Yes！

　　伦敦很有艺术气息⋯⋯Yes！

　　伦敦很可爱⋯⋯我怎么想也觉得不像，想破脑袋也想不通，只好认输了。

　　假如有五个美女站成一排,日本女生、韩国女生、泰国女生、英国女生和中国女生举起两只手指比Yeah,或者用两只手指抵着脸颊装可爱,看起来一点也不奇怪。不过,英国女生这样做就怪怪的,让她摆出喝茶的优雅姿势比较适合吧!

　　过了不久,我收到了《可爱伦敦小旅行》的草稿。

　　看了之后,觉得……伦敦真的很卡哇伊(可爱)呢!

　　西方人有一个谚语:"Beauty is in the eyes of the beholder."意思是"情人眼里出西施",不管对方是丑是美,在情人眼里都是完美的。我这才真正发现,原来伦敦也是如此可爱。

　　如果用一个流行语来形容娃娃,那一定是"可爱达人"。在旅游时,她无论看到或遇到什么,都能用文字描述出来,并抒发感想,让读者可以清楚收到她要传达的讯息,从中也能看出她本身的品味和写作风格。我闭着眼睛想象着,如果有一个"Guggig旅游团",担任导游的一定是娃娃,她一只手拿着糖果色小旗子,另一只手抱着青蛙娃娃,一边摇旗一边呐喊:"谁跟我喜欢一样的东西,请跟我来!"

然后，Guggig系的游客们就会马上下车，毫无怀疑地跟着她走。请放心！她绝对不会让你失望，若你对旅游服务质量不满意，她愿意无条件退款。

　　这本旅游书是另一个很好的选择，我相信连去过伦敦十几次的人，都没有跟娃娃一样感受到伦敦的可爱之处，因此，请先放下你原本的印象，再跟着她一起漫游伦敦。

　　保证你对伦敦的感觉或多或少会改变喔！

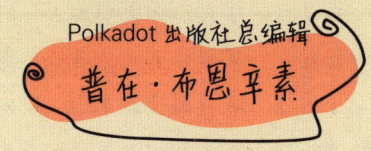

Polkadot 出版社总编辑
普在·布恩辛素

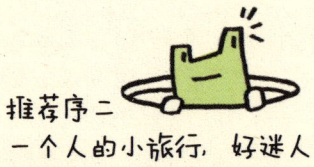

推荐序二
一个人的小旅行,好迷人

　　我本身就是喜欢逛可爱小店的游客,相信旅游的乐趣之一就是开放所有感官去发掘旅游中可爱的小细节,让自己的身心爆发一阵狂喜。如果可以跟自己同类型的人一起去旅行,亲眼看到周遭许多有趣的东西,一定能让我十分开心,旅游也会更有乐趣。也可以试试另一个方法,透过阅读这本书,跟着美女娃娃去体验藏在伦敦四处的魅力。她会牵着你的手走进各种小商店,一会儿去手工笔记本专卖店,一会儿去礼品包装店或市场里的复古饰品店,也不会忘记带你去吃美味甜点、品尝传统英式下午茶,而且她喝茶的时候,一言一行都相当优雅,就像多礼的英国人一样喔!

泰国时尚生活达人
博雅·洁莉亚薇

作者序
伦敦……缓慢的步调与变化多端的环境

英国的时间比泰国慢六个小时。
尽管时差很大，我却觉得
我的时间……走得比伦敦人还要慢。
伦敦是一个很繁忙的城市，一点也不输给世界上其他国家的首都。
是我们无法分辨刚刚擦身而过的路人是哪个国籍的城市。
是多元国籍、多元语言和多元文化和谐共处的城市。
是天气多变、容易感冒的城市。
是空气干燥度和湿度一样高的城市。
是遍布着大大小小的特色市场及美妙古董店的城市。
是日落前酒吧已经开始营业的城市。
是拥有许多具代表性足球队的城市，如切尔西（Chelsea）、阿森纳（Arsenal）、热刺（Tottenham Hotspur）和富勒姆（Fulham）等。
是充满喜庆气氛的城市，全城无论是公交车、邮政信筒还是公用电话都是显眼的火红色。

是剧院比电影院多了许多的城市。
是有着古老而美丽的建筑沉静伫立的城市。
是背负着许多人的远大梦想的城市。
当伦敦人匆匆忙忙地过日子时，
我却刻意放慢了脚步，
在周遭环境中随时随地用心观察，吸收有趣的信息，
将自己的所有体验收集在这本游记中。
希望大家都能开心地阅读这本书，与我一起畅游独一无二的伦敦。

谢谢两地之间的时差，
让我有机会跟你说"早安"，
而你是说"晚安"。

CONTENTS  目录

推荐序一　旅人眼中的可爱伦敦 /001
推荐序二　一个人的小旅行，好迷人 /004
作者序　伦敦……缓慢的步调与变化多端的环境　/005

London underground /014
● 地铁，最便捷的代步工具，免费的艺术空间

Borough Market /029
● 漫步百年博罗市集，来一场国际美食之旅

Exmouth Market /042
● 以微笑为标志的埃克斯茅斯市场，让你逛得不亦乐乎

Broadway Market /046
● 百老汇市集，太多令人驻足的小店，似乎永远走不完

Columbia Road Flower Market /054
● 哥伦比亚路花市，彩虹花海里的购物天堂

Museum /073
● 超大美术馆里，感受艺术的伟大，体悟自己的微小

Barbican Centre /088
● 巴比肯艺术中心，伦敦灰暗的一面

Department Store /094
● 百货公司的橱窗是不可错过的时尚风景

Notting Hill /109
● 诺丁山，沿着甜蜜的糖果色房子，找蜂鸟吃蛋糕

Shoreditch, Brick Lane, Spitalfield /116
● 艺术气息浓厚的三大潮区

Tottenham Court Rd. /132
● 汇集家具街、韩国街、书店街、电器街的一站

Islington /140
● 伊斯林顿，复古与流行并存的北伦敦时尚区

Marylebone High St. /148
● 马理波恩大街，优点就是"high"

Carnaby Sb. /156
● 卡尔纳比街，流行指标区、活力十足的年轻人之街

Waterloo /160
● 从旅人必经的滑铁卢站,到必去的旅游景点

Primrose Hill /164
● 晴朗的好日子,上缙庭山欣赏伦敦美景

Covent Garden /170
● 年轻人吃喝玩乐、老年人赏古董,尽在柯芬园

Cath Kidston /176
● 散发英式传统乡村风的时尚品牌

Greenwich /182
● 格林尼治,在时间零点校准手表、游世界遗产

Little London /190
● 小提示大帮助,畅游伦敦必看!

The Boundary /206
● 小而美的设计旅馆

Caravan /213
● 吉卜赛风大篷车里,赏玩来自世界各地的手工艺品

跟着娃娃轻松游伦敦!伦敦6日可爱行 plan/220

London Underground

地铁，最便捷的代步工具，免费的艺术空间

在飞机上连续待了十几个小时，不是吃饭、睡觉就是看书。经过长途飞行以后，我在早晨抵达了伦敦希思罗（Heathrow）国际机场。快速办理完入境手续，我带着兴奋、愉快的心情离开机场，等待朋友来接机，并帮我提行李，一起坐车进城。我们约好在出机场门口后右转的地方碰面，他会坐在长凳上等我。

右转后……

咦，到底是不是这里啊？我想了想 Email 的内容，因为没看到朋友在这里，只有我大惊失色地提着装满四天衣服和日用品的白色超大行李袋。

真不敢相信，我的伦敦地铁初体验竟来得如此突然，而且是在身心未准备好的情况下面临困境。他本来说会来接我的，现在变成通过电话向我介绍最容易进城的交通方式。

伦敦地铁网络是全世界最古老的地下交通系统，也是市内最方便快捷的代步工具，总共有 273 个地铁站，几乎每个地区都有一站。我心想，这里交通这么方便，一个人也没问题吧！

看到路牌上写着"Underground"，我马上推车前进，很快就发现售票机了。顺便拿一张地图，看看伦敦地铁的路线。在机场这个有多条路线交会的车站，只有深蓝色的皮卡迪利线（Piccadilly Line）通往市中心。如果像我这么幸运，目的站位于蓝色的皮卡迪利线，就省事多了，不用麻烦地转车就能到达，减少第一天迷路的机会。

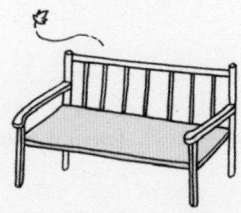

  虽然进城方式非常容易,不过,可别忘了地铁就是在地下!带着大行李走下去还不算难,因为有推车减轻重量,可以推到门口再搭电梯到车站,走几步就到月台了。

  然而,由下至上出站的时候,看看左右两侧都找不到电梯。我以 45 度角抬头看,感觉好像以前在泰国爬最高山①一样,只不过这次还需要带着超过 20 公斤的行李。

  正当我头痛得愁眉不展时,竟然出现一位上天派来的英雄。他看到我吃力地把白色行李提上去(已经变得不太白了),立刻伸出援手,主动帮我拎着行李爬上山。到了地面,我大吐一口气,终于可以看到洞外的世界了。热情洋溢的英国男士送我到路口以后,就挥手道别了。我随意想着,这能不能成为 tube②的服务之一呢?如果能提供这样优质、贴心的服务,一定能给旅客留下美好的印象,或满足旅行的需求。

---

①指茵他侬山(Doi Inthanon),是泰国境内最高的山。
②英国伦敦地铁通常被称为 tube(管子)。

经过一天后我发现，尽管我对伦敦还很陌生，第一次接触也很紧张，像是陌生的两人初次见面一样，但是，渐渐适应之后，就能更加了解对方。伦敦地铁共有13线，从中心向外分为6区。车票是分段计费的，旅客可自由选择单程票或来回票，并依目的地买票即可。若有伦敦的牡蛎卡（Oyster Card），票价会更便宜。这种卡的功能类似于台北捷运悠游卡，可以在全市的公共运输中使用。不管是地铁或公交车都适用，可省去算钱的麻烦。地铁票还有许多种类，按时间分为周票、月票和年票等，全可加值循环使用，所付的金额比单次购买少。另外，每一站的售票区都有免费地图，可以索取一张来查看路线，这样不会迷路，也能帮忙辨识方向。

天天经由地下通道进出车站，我渐渐地也习惯这里了，而且在地铁站里还会听到悦耳的音乐。因为车站提供了公共空间给音乐爱好者一展其才，每天都有几个街头艺人（Busker）在许可场地轮流表演各种乐器和不同类型的音乐。想要在这半圆形场地展现音乐才华的人，必须先通过音乐试演或试唱，并且获得其他Busker的同意，才能享受当一小时艺人的感觉。表演者得自备乐器，无论是哪一种乐器，只要拿到现场演奏自己拿手的才艺即可。音乐类型和表演者的年龄都没有限制，因而可以看到老年人吹着萨克斯风，来一场精彩的爵士乐个人秀，还有长发吉他男和小提琴美女在不同车站演出。欣赏完之后，如果你喜欢某位表演者，就给点掌声鼓励，或投点钱到箱子里当奖赏，这样伦敦地铁站的窄小通道就会热闹起来啰！

虽然不少人说伦敦地铁非常老旧，走进位于地下的车站时，很容易让人感到闷闷的，我却觉得这就是它最大的魅力所在。历史悠久的伦敦地铁于1880年通车，一直以来不断地为民众服务，因而充满了古老的气息。车站的艺术墙特意保留原有的复古元素，再加上现代风的装潢，整体造型及基本设计展现出现代与古典的完美结合。

我特别喜欢格林公园站（Green Park），从地铁一出来就会看到鲜橘色的瓦墙，上面有着大大小小随风飘荡的枫叶图，让我联想到车站外面清幽的公园、干净无污染的自然环境。阳光下的碧绿草地和舒服的躺椅，都等着我们亲自走访及感受这儿美丽的风景。

格林公园站也是伦敦地铁蓝色的皮卡迪利线（Piccadilly Line）与灰色的朱比利线（Jubilee Line）的转运站。只要沿着墙壁上的灰蓝色马赛克前进就可以了。穿过行人隧道便可以见到很细腻的艺术墙设计，将艺术欣赏与实用性做了有意义的结合。原本我以为灰蓝色马赛克只有装饰功能，可是越往前走，墙上的蓝色马赛克越少，而灰色的逐渐增多，到朱比利线（Jubilee Line）就完全是灰色的了。我边走边看边想，默默地欣赏这样细心的设计。

有些车站十分支持当地的艺术创作，并推动"艺术月台"（Platform for Art）的计划，例如：格罗斯特站（Gloucester Road）每年会举办4次艺术展，利用宽阔的月台作为主要展场，轮流展示各地当代艺术家五花八门的作品。在展览期间，有时举办的是壁画展，有时是雕刻品展。我那天参观的是著名艺术家Brian Griffiths的作品展，主题为"笑看人生"（Life Is a Laugh），还记得当时有超大熊猫、大篷车和其他东西摆满整个月台。数不清的艺术品就近在眼前，使气氛活泼了起来。我忍不住去看看消磨一下时间，等车不再无聊。

伦敦地铁的营运情况不太稳定，偶尔会发生停驶、维修中或干脆不开到终点站等突发状况。因此，每次乘坐地铁前，要先查一下Service Update，以确定班次是正常服务（Good Service）还是延误（Delays）。尤其是周日，地铁因维修而暂时停驶的概率会比较高，为避免交通不便并保持旅行的好心情，最好视实际情况调整行程安排。

020

Oyster Card

Around stretches the vast expanse of the world

Des Hughes

Simon & Tom Bloor

如果想悠闲地欣赏伦敦的美丽市容，可以改搭公交车，坐坐伦敦的标志之一———红色双层巴士。若坐在第二层，就可以透过观景窗清楚地浏览城市风貌，享受旅行的放松与乐趣。在城区，大部分的公车站都有路线图，详细显示经过此站的所有车号。尽管公交车的票价比地铁便宜一点，并能刷牡蛎卡付费，但是，公交车路线主要分为两区，搭乘方式不太容易弄懂。搭公交车时，得先找出自己要搭乘的公交车路线，幸好公车站牌非常清晰地标示出公交车路线与行经地点，接下来要注意的是乘车方向，不要搭成反方向了，上车前最好也向司机确认车子是否会经过你的目的地。

旧式伦敦公交车（古董巴士）的外形采用简洁利落的圆边设计，目前在路上仍可看到，但已经越来越少见了。这种上一代的传统公交车被送到回收站之后，就开始了内部改装之旅。废车重获新生后，就可以作为婚礼或酒吧室内外的装饰品。

"我现在要去市场,你要买什么吗?"

　　伦敦人最喜欢到市场消磨时间了。一般来说,逛市场的人越多、生意越兴隆,市场的数量也会随之增加。根据市场规模与商品的性质,伦敦市场可分为小型市场、中型市场、美食市场、购物市场、花卉市场、复古市场、专为旅客开设的市场和综合市场。综合市场是将上述市场结合在一起,这类市场贩卖的东西非常多元。在伦敦,不管走到东南西北,到处都可以看到市场,真是多到眼花缭乱。逛市场确实是一件很有意思的休闲活动,乐趣在于它的多样性,我每次看到许多有趣的东西或当地特色美食,总是莫名地感到兴奋,而且看得很过瘾,吃得很高兴,让我感到简单、轻松又踏实,这点是逛百货公司无法享受到的。

Borough market

漫步百年博罗市集，
来一场国际美食之旅

　　整趟旅程中，最让我感到幸福的时光都集中在周末，短短两天里，我狂吃美食、大饱口福。想吃个甜食，就有形形色色的甜点等着我挑选；吃完甜的还想吃咸的，就买一份英式炸鱼薯条；餐后再来点新鲜的红樱桃，吃到我的肚子快爆炸了。想来一趟这样的美食散步之旅吗？有机会不妨亲自来到滋味丰富的博罗市集（Borough Market），这个已有百年历史的传统市场充满了美食，来到这里除了吃还是吃。

　　博罗市集有名的不仅是熟食、甜点、咸食、零食和小吃，还有多种美味新鲜的食材、冷冻食品和进口食品。该市场的商品来自世界各国及本地的有机农场，而且有几个摊位是农场主人自产自售的。老板们常常面带微笑地招呼顾客，就像邻家大哥大姐一样亲切。他们很热情地欢迎大家试吃，并积极地介绍最优质的产品。特别的是在市场里每位员工都穿着相同的围裙当制服。能在这么适合自己的地方走走逛逛，周遭尽是各式美味佳肴，让我一路笑得合不拢嘴，无论是在视觉和味觉上，都让我感到幸福；例如：新鲜可口的起司、酸橄榄、烟熏火腿、鸡肉派、牛奶、冰淇淋和现打果汁，再加上刚出炉的手工面包，让整个市场充满淡淡的奶油和巧克力香味，令人垂涎三尺，一闻到就想马上冲去买来吃。

Ⓤ London Bridge 伦敦桥站

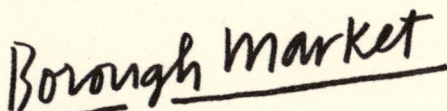

Borough Market

The Flour Station

WHOLEMEAL — Dense soft crumb, distinctive nutty flavour. Old English wheat variety.

LONDON BLOOMER — 1930's recipe, Creamy smooth crumb with crusty crust.

ENGLISH STICK — Rustic, hard crust and light moist crumb. Light yeast with long knead and rising time.

GRANARY — Traditional english malted loaf. Malted grain in sweet and slightly sticky flavour and texture.

COUNTRY LEAVEN — Subtle sharp/sour taste. Thick robust crust.

WHEATGERM LEAVEN — Nutty flavour from nutritious wheat. Chewy crust, strong aroma released wh...

SPEL... — ...ly sour dense crumb, off set by ... sultanas and raisins.

这里的老板和顾客都来自不同国家,仿佛是个国际美食市场。在忙碌的市场里随便观察一下,就会发现有些摊位的老板是华人。他们一直面带笑容地做着生意,见到顾客上门时,都开朗又熟络地与他们交谈,现场气氛和乐融融,令我以为自己正置身在中国某省的菜市场里。走到其他摊位则会发现,随着老板国籍(有意大利、西班牙、法国等)、个性和商品三个主要因素的影响,气氛会不一样。在双方交谈中,不同国家的人说英语的口音也各不相同,多多少少都受到母语的影响,有趣极了。

我是闻到香味,再远也一定要立刻找到来源的人,而且不管得排队排多久,我爱吃的天性都能让我熬过种种对耐性的考验。话说回来,每次看到某个小摊排着长长的队伍,不必知道卖什么,我都会跟着排队,因为大排长龙的一定有美食。买到之后就边走边吃,反正在国外没有认识的人,不用怕丢脸。若想坐下来休息一会儿,只要走几分钟的路到南华克大教堂(Southwark Cathedral),就能像伦敦人一样趁着春暖花开的舒适天气,和亲朋好友一起外出野餐。我建议自备野餐布铺在草地上,可以更舒服地享受悠闲时光,并保证你所感受的
幸福与在高级餐厅用餐完全不一样!

好香喔

分享一个让你胃口大开、吃得更有滋有味的方法。当你初次来到博罗市集时，先找个地方站着，最好站在你特别爱吃的美食附近，然后闭上眼睛深呼吸；当一阵食物的香味飘进鼻腔，你就会听到自己的肚子饿得咕咕叫；这时，你一定会迫不及待地朝着香味来源奔去；吃下第一口，你会立刻感到惊艳，味道比想象的好吃很多。由于人的胃肠会跟着嗅觉产生感官反射，美食香味的刺激会引起强烈的饥饿感。肚子越空，越想吃些好东西，饥饿又可提高嗅觉的灵敏度；所以，等肚子叫得很响时再来这个市场，能让你吃得特别多，品尝到绝大多数的地道英式风味。

博罗市集零售区和批发区的营业时间不一样，平日早上 02:00 ~ 08:00 只开放给批发商；而零售店的营业时间为周四 11:00 ~ 17:00、周五 12:00 ~ 18:00、周六 09:00 ~ 16:00。周五、周六除了卖食物的摊位比较多之外，农场主人也会亲自来摆摊，甚至从容地接待每一位上门光顾的客人，所以这两天真的很值得观光客、伦敦人和非伦敦人前往。

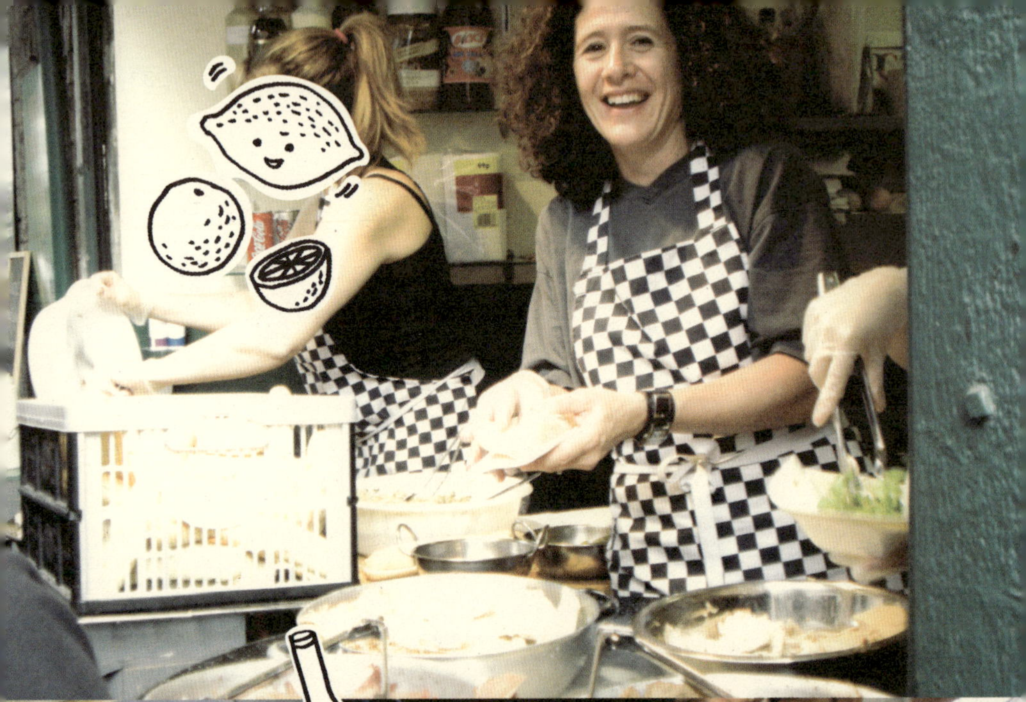
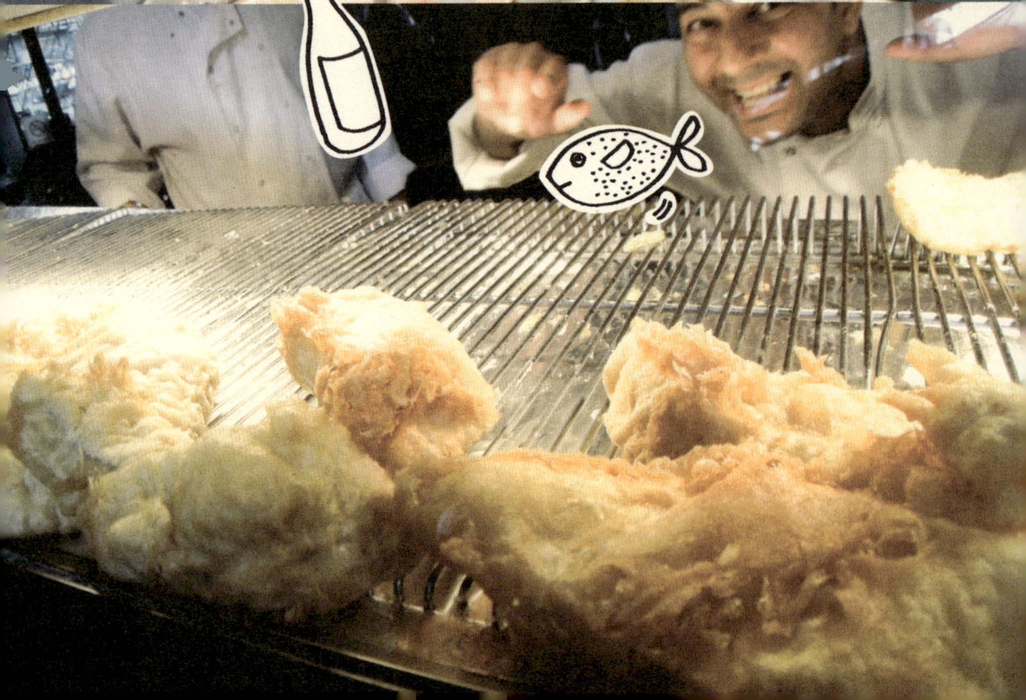

fish! Kitchen——看过来看过来！热腾腾的炸鱼排与薯条在这里！这家店挺有名的，在伦敦有许多分店。一片片金黄可口的鱼排不断出锅，无论内用或外带，都吃得到充满英式风味的炸鱼排配香酥薯条。如果吃得不过瘾，就点特大烤鲔鱼套餐（Main Course Grilled Tuna Steak）或香烤有机鲑鱼（Grilled Organic Salmon），保证你一吃成主顾！

　　　Utobeer——啤酒迷绝对不可错过这家店！贩卖英国各大品牌及世界各国著名品牌的啤酒。吧台还提供啤酒免费试喝，购买前可以向服务生索取一小杯品尝，试试看是否合乎自己的喜好。不喝酒的人也可以来此欣赏创意十足的啤酒瓶。

　　　Pieminister——如果你喜欢吃派，千万别错过专卖各式派点的这摊。特色在于大块派饼里塞满了馅料，派皮香酥，带有一点咸味。口感真的很好，尤其是最有名的羊肉起司派和烟熏培根派，都让我赞不绝口。我还想买其他口味来吃吃看，可惜肚子实在快胀破了。值得一提的是，当时《理发师陶德》（Sweeney Todd）①这部电影很红，老板就趁着这个机会把头发弄得跟男主角强尼·戴普一模一样，实在太吸引人了。

---

① 《理发师陶德》由男主角强尼戴普（Johnny Depp）与女主角海伦娜伯翰卡特（Helena Bonham Carter）领衔演出。

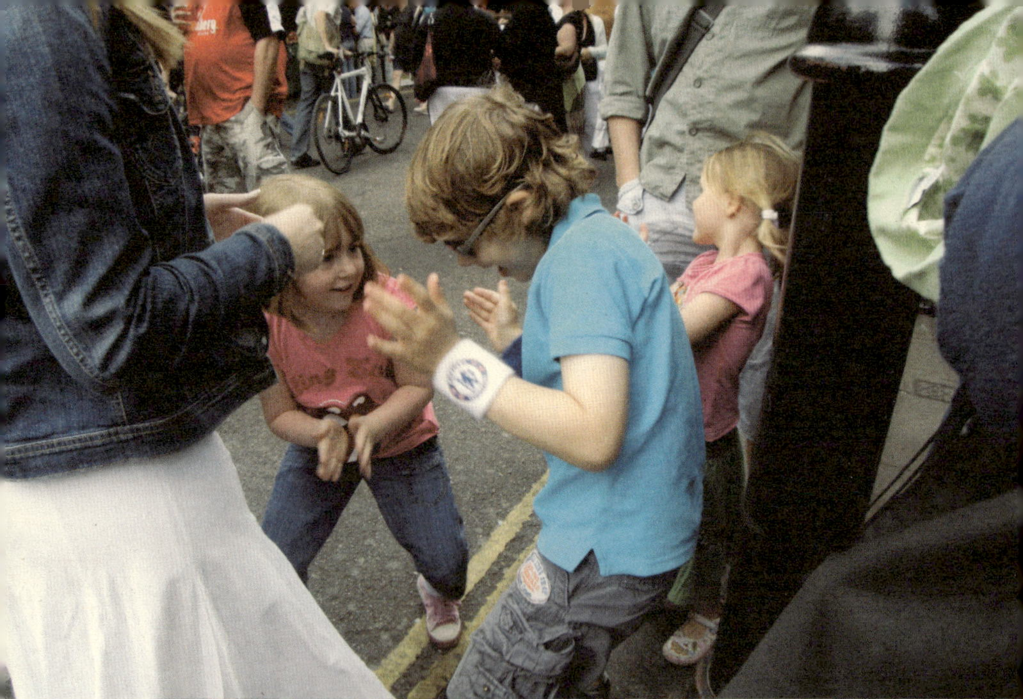

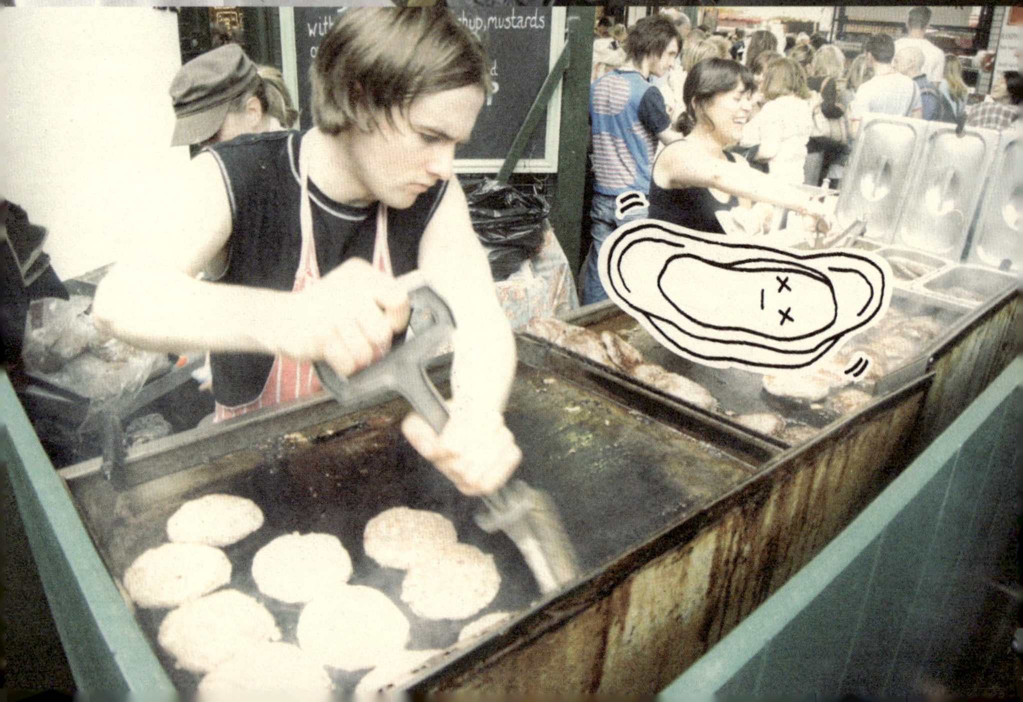
with
mustards

F.lli QUINCI

Total Organics——博罗市集里有很多果汁店,这是其中最大的一家。摊位上摆满了当季的新鲜蔬果,现打果汁可依照顾客的需求调配,要酸一点还是甜一点,一切都由你决定,而且喝鲜榨果汁好处多多,能提供身体不可或缺的营养素。这家不仅提供优质的清爽蔬果汁,店面还装饰得很漂亮。柜台很像酒店吧台,来店消费的顾客在这里点饮料即可。招牌果汁是小麦草汁(wheatgrass juice),客人点好后,才将有机小麦草从培育盘拔出并切碎,放入果汁机榨成汁后倒入小杯;接下来是试喝时间,一入口就可以感受到浓郁的蔬菜鲜味。如果平常较少吃蔬菜而怕草腥味太重,可放些苹果或柠檬压味。小麦草汁含有非常丰富的天然维生素,有助人体排出毒素,也是活力的源泉。

Total Organics

Applebee's fish——快跟我一起去海鲜餐厅吧！从外面看，可能会以为这里是咖啡馆之类的。走进店里，才看到好几桌客人点了好多菜，大家都吃得一干二净，只留下一堆鱼刺和贝壳。门口的柜台上摆着各式各样的新鲜海产，供客人自由挑选，以满足不同的需求，而且每天更换主菜，天天吃都不会腻。

其实，市场里还有许多海产店，但海鲜迷最爱的还是牡蛎摊。这摊的老板是来自亚洲的华人，但我不清楚他是中国人还是韩国人，最清楚的就是摊位前总是大排长龙。这里采现选现开现吃的方式，从保丽龙箱里拿出又大又新鲜的带壳牡蛎，用牡蛎刀将壳打开，然后放在塑料盘上，由服务人员端上桌给客人。一撬开壳，肥美的牡蛎就蹦了出来，我马上浇上柠檬汁，再撒点黑胡椒调味（柠檬汁、黑胡椒和TABASCO辣椒酱等调味料店家都会提供）。当滑嫩的牡蛎肉一入口，清甜多汁的鲜味随即在嘴里蔓延开来。一般菜市场卖的牡蛎肉都会浸过水，看起来比较饱满，因为吸了水，称起来也较重。然而，剥壳泡水过的牡蛎，自然甜味也会流失到水中，口感当然会打折扣。为了吃到这种无与伦比的美味，我当天总共排队排了3次，却只吃到8颗而已。

Monmouth Coffee Company——爱喝咖啡的人快到这里集合！如果你在乎价格或喝腻了名牌产品，可以来这家咖啡店品尝看看。门口摆着来自世界各国各地区的生咖啡豆，种类繁多。这些咖啡豆多到跟饮料的种类一样多，大家可以随自己喜爱的口味挑选，只怕你一不小心喝太多，晚上会睡不着觉而已。店里除了提供咖啡饮品之外，也提供质量优良的生豆。为了维持咖啡的新鲜度，很多人宁可购买生豆，在家自己烘焙、自己冲煮。在这家特殊且精致的小店里，总有着络绎不绝的客人和扑鼻而来的咖啡香。客人一来就会坐很久，边喝边聊天，一整天都热热闹闹的，因此不适合喜欢安静的人喔！

哎呀!

Exmouth Market

以微笑为标志的埃克斯茅斯市场，让你逛得不亦乐乎

埃克斯茅斯市场（Exmouth Market）与一般市场给人的印象不同，一直以来，我都以为市场是小摊位聚集而成，而这个人潮熙攘的市场则是一个步行街区，两侧是种类繁多的店铺。站在路口看街景，形形色色的建筑经过色彩的装点与植物、天空等背景融合在一起，构成丰富多彩的景色，特点在于建筑的颜色交替，有的鲜艳、有的柔和、有的是暗色调的，看起来挺酷的。想去逛逛的人要注意开放时间，这个市场的营业时间为周五 11:00-18:00 及周六 09:00-16:00。

Angel, Farringdon 天使站、法令顿站

Family Tree
英日混搭的设计商品店

以贩卖进口商品为主，主要卖日用品、服装和家居饰品，全都带有可爱温馨的复古风格，特殊之处在于图案设计与色彩搭配。无论是刚出道的设计新手或知名设计师的作品都汇聚于此，让我不禁产生一股想血拼的欲望。

由于男主人是英国人马修（Matthew），女主人是日本人高五（Takago），这家也走英、日混搭风，店名取作"Family Tree"，是因为他们和朋友的关系就像是兄弟姐妹，而且每样商品都是他们的朋友亲手挑选的。

比较令我感兴趣的是该市场的招牌，将双音节的名字"Exmouth"中的"mouth"以鲜红大嘴巴来表示，运用图像代表同音同义词，而且嘴巴图案很像是麦当劳叔叔的大嘴巴。在招牌设计上，文字与背景的颜色搭配也非常大胆，真的很抢眼喔！

地址：Exmouth Market, E01R 4QL

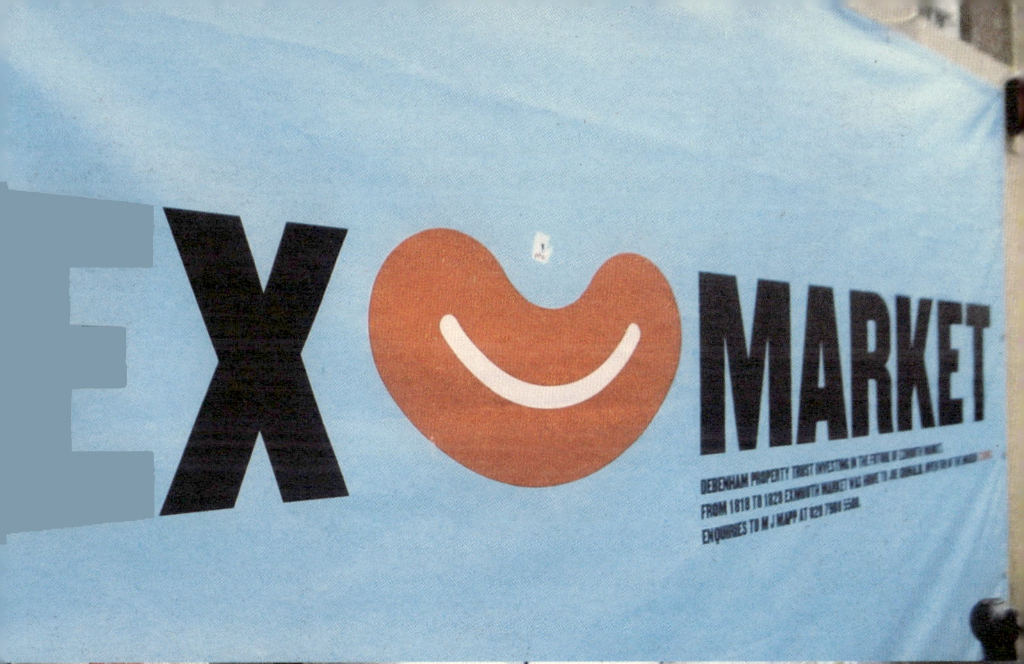
EX
MARKET

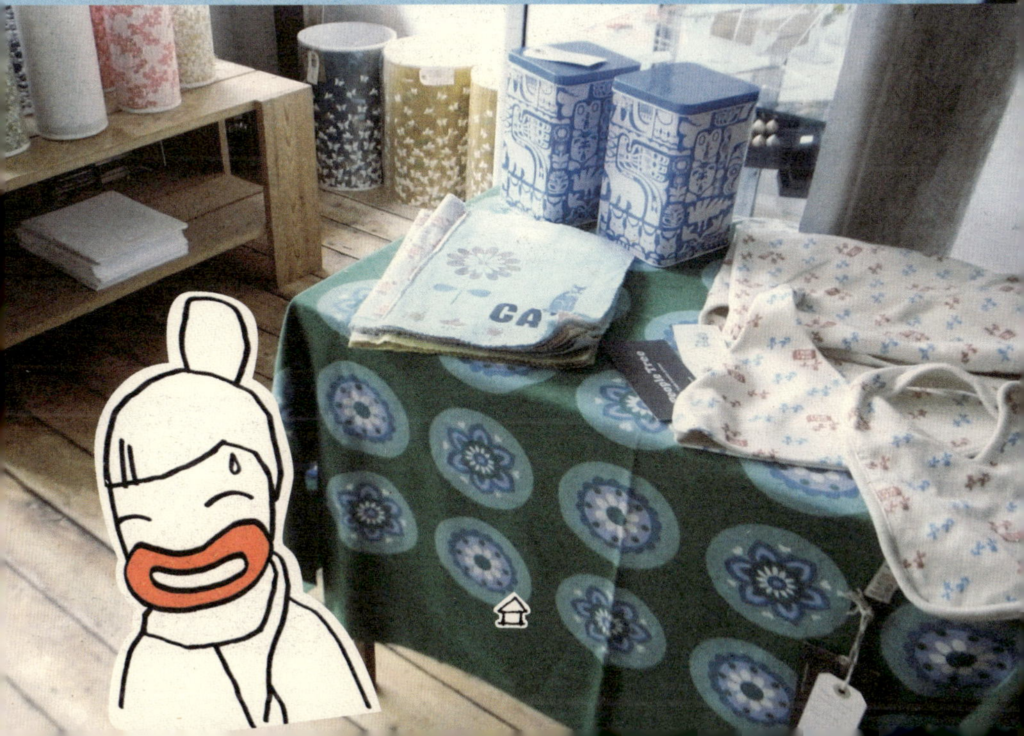

Broadway Market

百老汇市集,太多令人驻足的小店,似乎永远走不完

我一直走不到目的地的原因不是因为路程很长，而是我无法专心地沿着步道前进，一路边走边看，而逐渐拉慢了速度。周围环境十分宁静，我本来以为没什么可看之处，但其实每个角落都藏着惊喜，特别是巷弄间不起眼的小店及小摊，总会发现许多有趣的东西。

Hurwundeki Cafe - antique
有角色扮演的古董咖啡店

从没见过这么奇特的咖啡店，门口是一道蓝色的木栅栏，我轻轻推开它走进去，就看到一些儿童游乐设施，包括：故障的音乐马车、南瓜车，还有像是随时都准备好跟你打招呼的蜗牛，让我感觉好像回到小时候到朋友家做客的情景。老板收集了一系列的艺术品和不同年代的古董家用品，来作为摆饰或置物柜，不过，无法判断它们到底属于哪个年代。这里的员工总是很热情地招呼客人，他们不必穿制服，而作平时习惯的打扮，看起来比较多样化，当天就有帅气上班族、亲切的虎克船长和绿洲乐团（Oasis）[1]团员在我面前走来走去呢！

---

[1] Oasis 是知名英国摇滚乐团。

Bethnal Green Station 贝斯纳尔格林站

早上才刚出炉的牛角面包及煮好的食物从柜台后一一送到餐桌上。开放式的厨房让客人可清楚看到厨师烹调的过程,甚至知道今日特餐是什么。我在外面看到一位打扮成绿洲乐团团员的店员正在点火准备BBQ烤炉,袅袅的白烟从炉上飘起。我好像来到"爱丽斯梦游仙境"的主题派对,只是女主角并不是有着甜美大眼睛的美女,而是调皮可爱的我。趁着夏日的好天气,在种满粉红色玫瑰的院子里晒晒温暖阳光,和七个小矮人(老实说他们长得有点可怕)一起享受英式地道美食。

这里以前可不是优质的古董咖啡店,而是一家同名的美发店。老板本身是韩国非常知名的美发师,创意十足且对服装设计很有兴趣。在经营美发店期间,他还顺便在店里贩卖时尚又有气质的自制服饰,开始创立自我品牌。他的设计风格十分怪异,显得时尚、有魅力,类似伦敦充满艺术感的薛迪奇区(Shoreditch)。

仔细一看才知道赫文德奇(Hurwundeki)咖啡店就位于大桥底下,地理位置良好,隔壁是Figarude二手车便利商店,专卖Nissan的复古车款Figaro(费加罗),外形甜美可爱,颜色柔和温暖。大方善良的店主人还让我们自由自在地取景拍照呢!

THE DOG & WARDROBE

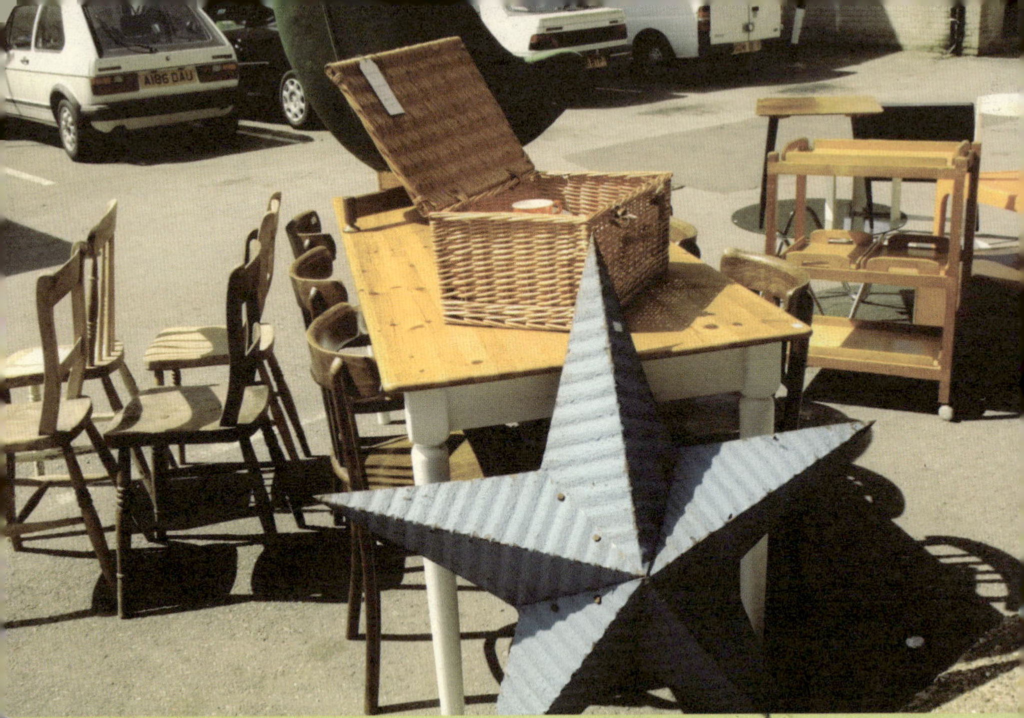
A186 DAU

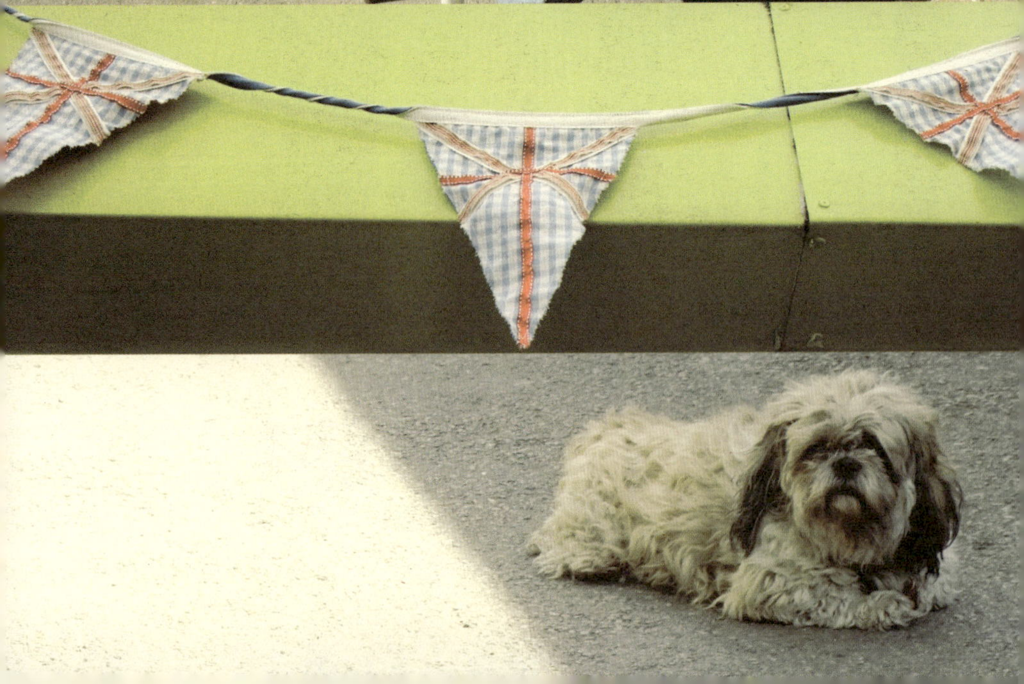

The Dog & Wardrobe
知名橱窗设计师的复古家具店

这家藏身在古老大楼的复古家具店看起来很像工厂或仓库。我一看到招牌"The Dog"中的狗狗，就被它的眼神和头部动作吸引，立刻走进店里了。

在店外的橱窗前，按尺寸摆放着各式各样的椅子，简单利落的陈列营造出质朴感。老板是一位卓越的橱窗设计师，随着时代不断改变陈列方式，也成功赢得注目，甚至获得大众的高度赞赏及评价。老板的实务经验也相当丰富，曾设计过 Levi、Muji 和 Dover Street 等一流品牌的橱窗。

终于来到聚集各式商品的百老汇市集（Broadway Market），这个市集规模不大也不小，商品应有尽有，例如：精致手工品、二手饰品、生菜、生鱼、花卉等，每一类商品大概有5个摊位；摊位没有分区，食物、服装和其他摊位全都混在一起。幸好当天人不多，我可以轻轻松松地逛，并学伦敦人买一些食品坐在路边的台阶上吃，还挺有 feel 的。

Fabrications
复古风胸针、礼品包装组专卖店

　　这里是小物组合专卖店，店内贩卖维多利亚风复古胸针组合，以及包含各种尺寸的包装布、蝴蝶结缎带和礼品包装手册的礼品包装组合。买回去即可使用，只要按照说明手册操作，就能轻松地把礼物包得漂漂亮亮。店内每个角落都藏着许多有趣的东西，购买时可要认真挖宝喔！我曾看过超大尺寸的钩针，好像可以让三个人同时用它编织毛衣呢！如果你喜欢充满创意及设计感的物品，到伦敦时，千万不要错过这家店，保证你一定逛得很开心又满载而归。

The Cinnamon Tree Bakery

Gingerbread

A mild and tasty gingerbread suitable for children.

Columbia Road Flower Market

哥伦比亚路花市，彩虹花海里的购物天堂

周天上午的后半段，最适合去的地方莫过于哥伦比亚路花市（Columbia Road Flower Market）了！哥伦比亚路的美丽风景绝对是由许多小细节组成的，花盆、花朵、叶子、果子、花秆、种子的丰富色彩犹如七色彩虹。我站在温暖的阳光下，阵阵微风吹来，混合着浓郁的花香和泥土的味道，有许多很有心的花田主人将自己种植的花拿来贩卖，并带着自豪和亲切的笑容向客人介绍。这美景真让人有种置身天堂的感觉，非常舒服自在，在我心中，这花卉市场就是最完美的地方，是我最喜欢的景点。

　　这个花市开放时间比较短，每周只营业一天，开放时间为每周日上午8点至下午1点。早上是花色最灿烂美丽的时候，老板们也趁着太阳还不大时赶紧开卡车送花到市场。谁也抵挡不了鲜花和绿树的诱惑，想买花或赏花的话，哥伦比亚路会是你的理想选择。最好是早上去，才能买到香味浓郁的鲜花；若想买到便宜的花，就等到中午或下午再去，花价会比平常低很多，因为老板不会想把剩下的带回去，免得在家看了伤心，甚至闷闷地对花儿抱怨说，为什么卖不掉呢？

Old Street 老街站

我一踏进哥伦比亚路花市,走在彩虹花海间,瞧见离开市场的人们,手上都捧着精美的花束及五颜六色的盆栽,一面赏花一面用鼻子闻着花香,脸上堆满微笑。此情此景让我快乐无比,马上加快脚步冲进去,亲自欣赏路两旁的缤纷花景,体验一下花一般美好的时光,让生活充满美丽。

这里除了贩卖鲜花的摊位以外,还有很多特色小店,一点也不逊于那些漂亮花树喔!有些店只在周日营业,因此当天店里会人山人海,气氛非常热闹。在从头到尾逛东逛西走了好久以后,我仍充满精力想继续逛街,心情是难得的兴奋。

英国人上街买东西时习惯自备购物袋,来到哥伦比亚路花市也不例外,摊位并不提供购物袋,尤其是最不环保的塑料袋。因此,在花市里会看到人人都拎着环保又时尚的购物袋和包包,里面装满刚买来的鲜花,真的很吸睛。在这儿,可以观赏的不光是绚丽的花,各种图案可爱的购物袋也很值得欣赏喔!

出门别忘了带我们喔!

Vintage Heaven
瓷器迷和复古迷的天堂

　　这家复古迷的天堂向路人招手，并热情地邀请我进去看看。从外面可以看到十分漂亮的橱窗布置，我一眼就被精美的陶瓷餐具吸引住了。店内的商品大部分是餐具，无论尺寸大小、昂贵或便宜，所有优质商品都聚集在这里。有个角落堆着各种花色的布料，也很令人心动，可以买回家当餐桌布使用，让简单朴素的桌子带点复古风情。

　　走到店的最后面，会看到许多人在排队，我很好奇他们到底在等待些什么。哇！原来这里是蛋糕店 Cake Hole 的入口，其位于 Vintage Heaven 的楼下，由两兄弟联手经营，美味的蛋糕都是他们自己做的。我突然想起这是一家挺有名的蛋糕店，既然经过又刚好想休息，就干脆进去喝点热茶，尝点香甜的蛋糕。吃饱喝足后，我才意识到这是我在伦敦光顾的第一家蛋糕店。

　　喔！差点忘了分享这家蛋糕店有好多好多可爱的咖啡杯，有着多种颜色与形状，与一般咖啡店使用的咖啡杯组不同，让我一直忙着对桌上的咖啡杯和茶杯拍照。

BOX CLEVEREST
16 MINI CUPCAKES
£13.00

BOX CLEVERER
4 LARGE CUPCAKES
£7.50

BOX CLEVER
9 MINI CUPCAKES
£7.50

Supernice
被壁贴包围的世界

即使从远方看，还是会觉得这家的墙壁很赏心悦目，因为他们专卖壁贴，每面墙上都贴满各式各样的贴纸供顾客参考。店前的大玻璃窗、门、地板和天花板，也都展示着样品，真的是可以贴的地方就尽量运用。这里还集合了许多优秀家具品牌和知名设计师的作品，展示最新的家居设计潮流。

Treacle
摆满时尚杯子蛋糕的糖果店

这家店真是让人难以言喻，一踏进店内，就觉得气氛有点混乱，好像回到古朴的 50 年代，又像是来到童话故事中的糖果屋。我还幻想自己身穿腰部绑着蝴蝶结的连身裙，从店门口走到柜台点外带杯子蛋糕，全身散发出女性的优雅气质，情绪也融入到甜蜜氛围中。

Treacle 蛋糕店的装潢较为温馨，整体设计走复古风，色调以柔和的浅色系为主。采用精致的材料和家具来装潢，多半是以木、塑料、铁和锌等材质制成，使室内呈现出混搭风，并展现出丰沛的创造力。蛋糕柜里摆着各种口味的杯子蛋糕，造型可爱且色彩缤纷。这家英式时尚杯子蛋糕主要是以绵密湿润的淡黄色蛋糕，配上各种奶油霜装饰。无论走到哪个角落，我都会听到那些杯子蛋糕向着客人说"把我买回家吃吃看吧！"也会看到许多女性开心地挑选蛋糕，还有小朋友趴在橱窗外流口水呢！

> 排队等着买蛋糕的时候，我浏览了商品目录，发现蛋糕名字都好 Cute，鲜艳的配色更是令人食欲大开。我知道有些女生怕胖而不敢吃甜点，却抗拒不了杯子蛋糕的呼唤，在 Treacle 你再也不用顾忌任何后果了！这里有迷你的一口杯子蛋糕，口感清爽，不会太甜，让你可以无负担地享受美味，吃的时候不会有罪恶感，也不用再强忍着不敢吃了！

Ryantown

近距离接触世界级剪纸大师的作品

以前只能在国际杂志上看英国剪纸艺术家 Rob Ryan 的作品,他细腻精巧的纯熟技法真的很令我佩服。每一款作品都匠心独具且精彩无比,最大的特色在于缤纷的色彩及温馨小语,运用文字搭配图像产生出故事或情节,保证看过的人都会留下深刻印象。由于细腻独特的剪纸风格,使他名声大噪,甚至登上国际知名时尚杂志 *Vogue* 和 *Time* 杂志的封面。

现在,我竟能亲手触摸并感受偶像的作品!店内后方的架子上放了很多亮眼夺目的印刷图样,可用于杯子、衬衫和书封,还有超棒的作品用玻璃裱褙起来高高挂在墙上。我的目光不由自主地被 Rob 大师运用最拿手的剪纸技巧制作的海报和牌子吸引住了,进一步了解他的创作理念以后,更被他的才华迷倒。来到伦敦,绝对要抽时间来这里逛逛,营业时间为周六下午 1 点至 5 点,周日全天开放。

YOU ARE HAPPILY INVITED TO....
NOBODY KNOWS THIS IS SOMEWHERE.
an exhibition of prints by
MARTIN GROVER
At
Ryantown
126 COLUMBIA ROAD, E2 7RG
PRIVATE VIEW
WEDNESDAY 13TH MAY 2009 6.30 - 8.30
R.S.V.P. to Suzie Winsor AT ryantown17@hotmail.com

MAP

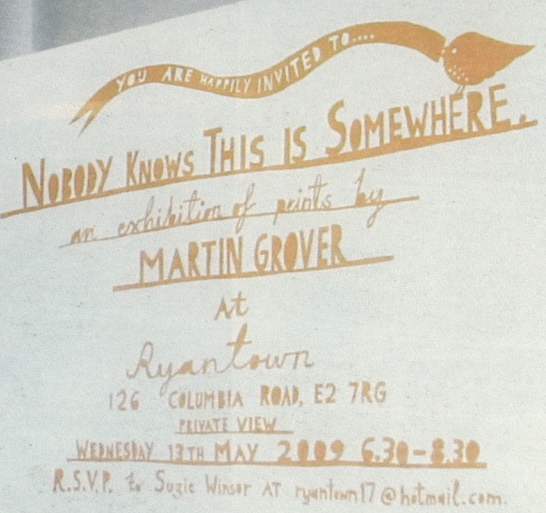

哥伦比亚路花市
Columbia rd. Market
■ 复古商品小店大集合

062

063

We Just Keep Growin

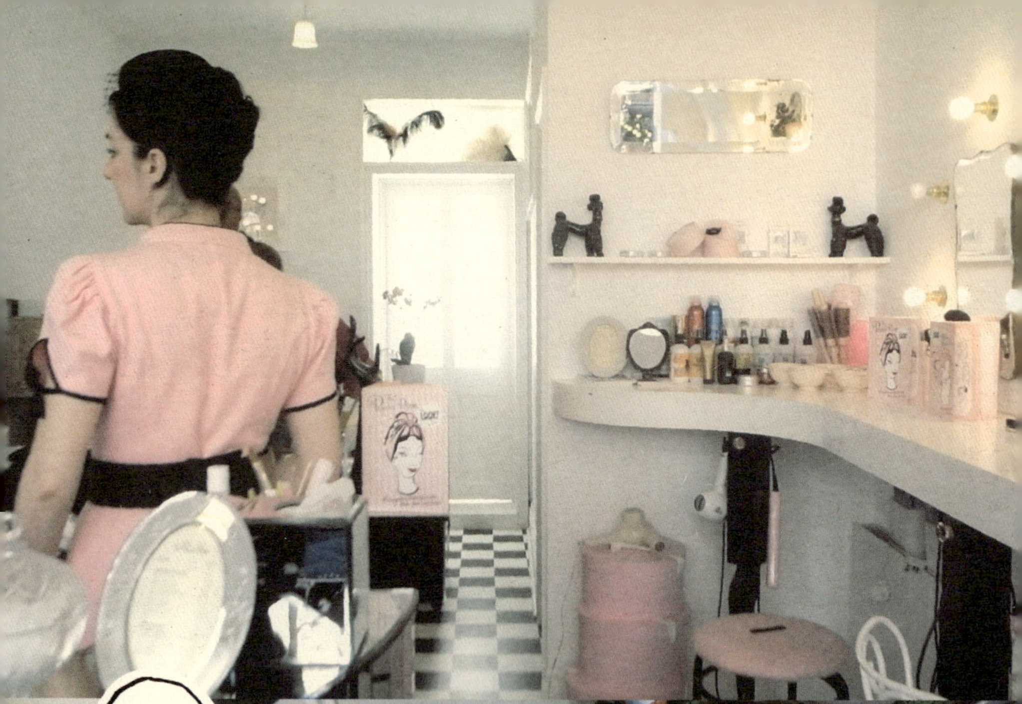

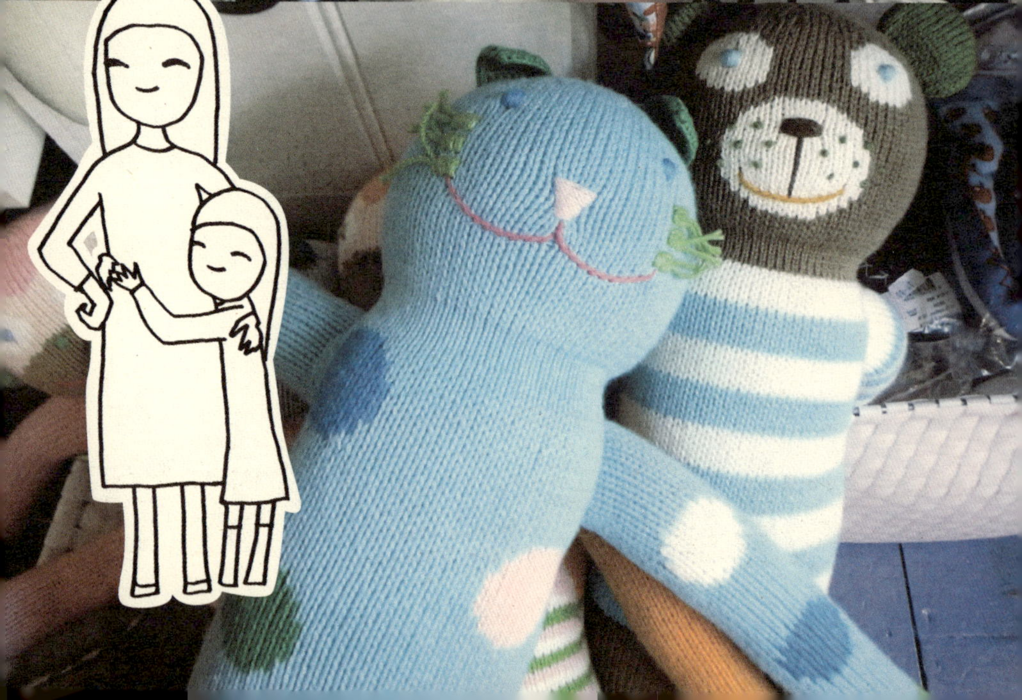

The Powder Room
补给美丽的粉红沙龙

万一走路走到大汗淋漓,满脸出油脱妆就会害怕自己不上镜,但现在女性朋友们再也不必担心这个会给美丽扣分的问题了,因为你可以到这家带有浓浓贵族气息的美容沙龙补妆、弄头发。在这个淡粉色空间里,每位店员都穿着 50 年代巴黎甜美风的制服,头上戴着时尚的黑帽子,造型专业又不古板,而且总是以灿烂的笑容迎接客人,那表情好像是在说着"只要开口要求,我一定为您提供绝佳服务"。不管是化妆品或发型,她们都会以专业的素养、满满的热忱、认真的态度来为客人做介绍,让我感觉温馨又放松,在此可以自在地活动,不会感到尴尬。若不知道该如何化妆或选择适合自己的发型,就参考 Look Book 打造新式英伦味。沙龙还提供内景、外景礼服的造型服务,也随时可以请店里的化妆师到家里化妆。另外,店内采用暖色灯光会影响照镜子的效果,我坐在化妆桌前照镜子时发现,在这种灯光效果下,皮肤看起来会比较平,轮廓较不突显,让气色更好,肤色也会显得明亮红润呢!

Bob & Blossom
唤起大人童心的顶级儿童品牌

每个人都是长不大的孩子,无论年纪多大,内心还是保留着童心。不愿意长大的父母们,踏进 Bob & Blossom 儿童用品世界后,心中的小孩一定会被唤醒。他们微笑地看着小朋友的玩具,想起了许多儿时回忆。在这里,反而很少会看到年纪真的很小的孩子哭闹着要买东西。这间店除了经营儿童玩具之外,还贩卖各种服装、鞋子、帽子等,该品牌在相关领域已建立一定的知名度,旗下的产品都以最顶级的质料及实用功能,打造出高质量的儿童服装,搭配上时尚设计,给父母更多贴心的选择,例如:酷劲十足的嬉皮风服装,风格独特,适合追求个性时尚、不喜欢宝宝穿得跟邻居一样的父母为孩子选购。品味要从小培养,像我旁边这一对母女,就正在努力地试穿红色波卡圆点(Polka Dot)的高跟鞋呢!

Jessie Chorley & Buddug Humphreys
融合多个时期、多元风格的手工精品

　　刚进入手工笔记本行业的我，一看到这家橱窗内摆设着精致的手工笔记本、珠宝、女性饰品与配件，就兴奋地想要大喊大叫，此外，Jessie Chorley 及 Buddug Humphreys 两位老板娘面带亲和的微笑似乎在向我招手，邀请我进入这间精美手工品小店。她们的经历与自创作品一样有趣，两位毕业于同所学校不同系所，Jessie Chorley 主修纺织品艺术设计，Buddug Humphreys 专攻珠宝设计。有一天，命中注定让她们选修了同一门课，两人从素不相识到变成好朋友，毕业以后就一起到伦敦继续进修，从此开始实现梦想！这对好友经过一番努力，终于建立属于自己的品牌，在伦敦百老汇市集（Broadway Market）摆摊贩售自己的作品（我去这个市场时也看过她们的品牌）。后来借由顾客的口耳相传，品牌的口碑和知名度得以迅速提升，现有分店位于 Marcos and Trump 的二楼，在周六及周日营业两天。

　　我觉得她们的作品十分有趣，款式多变且都很有质感，充满浓浓的复古风。这种魅力实在是太吸引女生了，让我几乎想把每一款都买回家，不过，我分不清楚到底是以哪个时代的复古风为主；以大大小小的笔记本和饰品、配件设计来说，都混合了各个时期不同风格的特色。店内许多角落也可见各种风格，有的呈现维多利亚复古风，有的是民族复古风。虽然大多数材料都是生活中常见的东西，而且手工制品难免会留有手工痕迹及不完美之处，但是她们靠着创意，加上亲切又健谈的个性，使得整间店洋溢着梦幻可爱的气氛，让女性客人为之疯狂！

Lapin & Me
实现公主梦的复古用品店

今天我们的导游是玛丽小姐[1]，在走进店里之前，面带甜美招牌笑容的她转过头来对我们说："这家店应该刚开不久，我上次来的时候没看过。"在店门口有一只兔子叫 Lapin，它还双手叉腰耍脾气呢！眼睛一直盯着我们看，眼神好像是在说："你们到底什么时候才要进去？我已经准备好迎接你们了"。

这个特殊的店名 Lapin & Me 是以兔子 Lapin 来命名（Me 就是不想显示名字的店主人），他们店里每样东西都是从不同地方挑选回来的，以欧式复古风小饰品居多，亚洲复古风的日用品也挺特别的。每每看到大部分充满可爱童趣的东西，我就会想起自己的童年，尤其是店内墙上挂着小女孩的礼服。每个小女孩心中都有一个公主梦，希望有一天能够穿着美丽无比的礼服。我也不例外，想试穿看看，实现童年的梦想。唉！现在我都已经几岁了，在这里却突然忘了自己的真实年龄。

Beyond Fabrics
美日进口布、服饰材料店

这家是市场里唯一专卖各种用途的布料及服装相关材料的店。布料和服装材料（如缎带、扣子、线轴等）主要来自于日本和美国最佳的布料供货商。店内商品琳琅满目，多到让人眼花缭乱。当我看到四周满满的可爱图案布料时，激动得心脏都要从喉咙里跳出来了，迫不及待地想赶快买一些回家。这不错，那也很棒，但是价格都贵得吓人。大小不一的布都标示了价格，甚至有 5 厘米的迷你布块。他们会把零码布收集起来，再卖给手作爱好者，并有许多不同的图案以供选择。买零码布就可以尽情挑选自己喜欢的图案，不必花大钱买一大堆大块布，也不用烦恼如何处理剩下的部分。

---

[1] 玛丽：泰国人，英国留学博士，《培养英文实力》的作者。

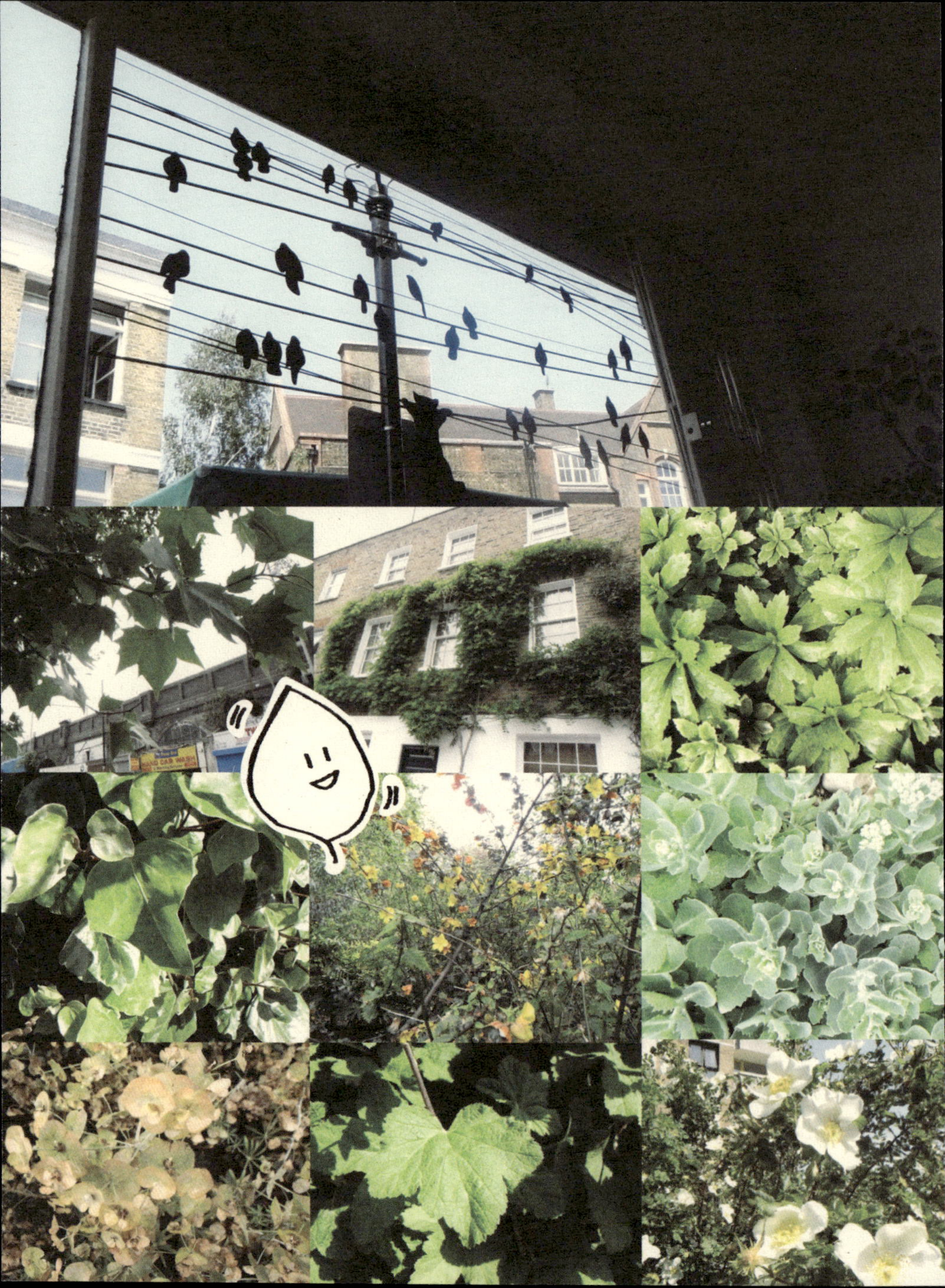

再继续走一段路，就会看到一间画廊叫作 Star Space，附近的小巷子里有个咖啡摊 Star Coffee，在路边摆桌椅卖起香醇的热咖啡及香浓可口的布朗尼。别忘了买一些沿着路边走边吃，更添闲情逸致喔！

在哥伦比亚路的尾端有条小巷，走进去后就会看到一个大牌子写着"Wawa"，旁边有好几个卖古董家具与各类家庭用品的摊位。如果你当日幸运的话，还有机会看到多才多艺的表演者在现场展现他们的才华。我还记得那天有一对小姐弟自行带乐器来演出，妈妈站在旁边鼓励着他们，而周围的观众则看得笑逐颜开，整个场面十分温馨。

漫步街头 随手拍下盎然绿意 享受悠闲时光

这两个未来音乐家超级可爱，我在周六、日都看到了他们两姐弟的表演。他们每周六都会在百老汇市集（Broadway Market）演出，而周日就是在这里。表演开始前几分钟，妈妈会用心地为孩子准备场地，将椅子、乐器等摆得像小舞台一样，还特意把两只熊娃娃放在椅子上，作为吉祥物代表她的子女。表演开始后，人人皆循着音乐声前来，从容地欣赏独一无二、令人屏息的表演。

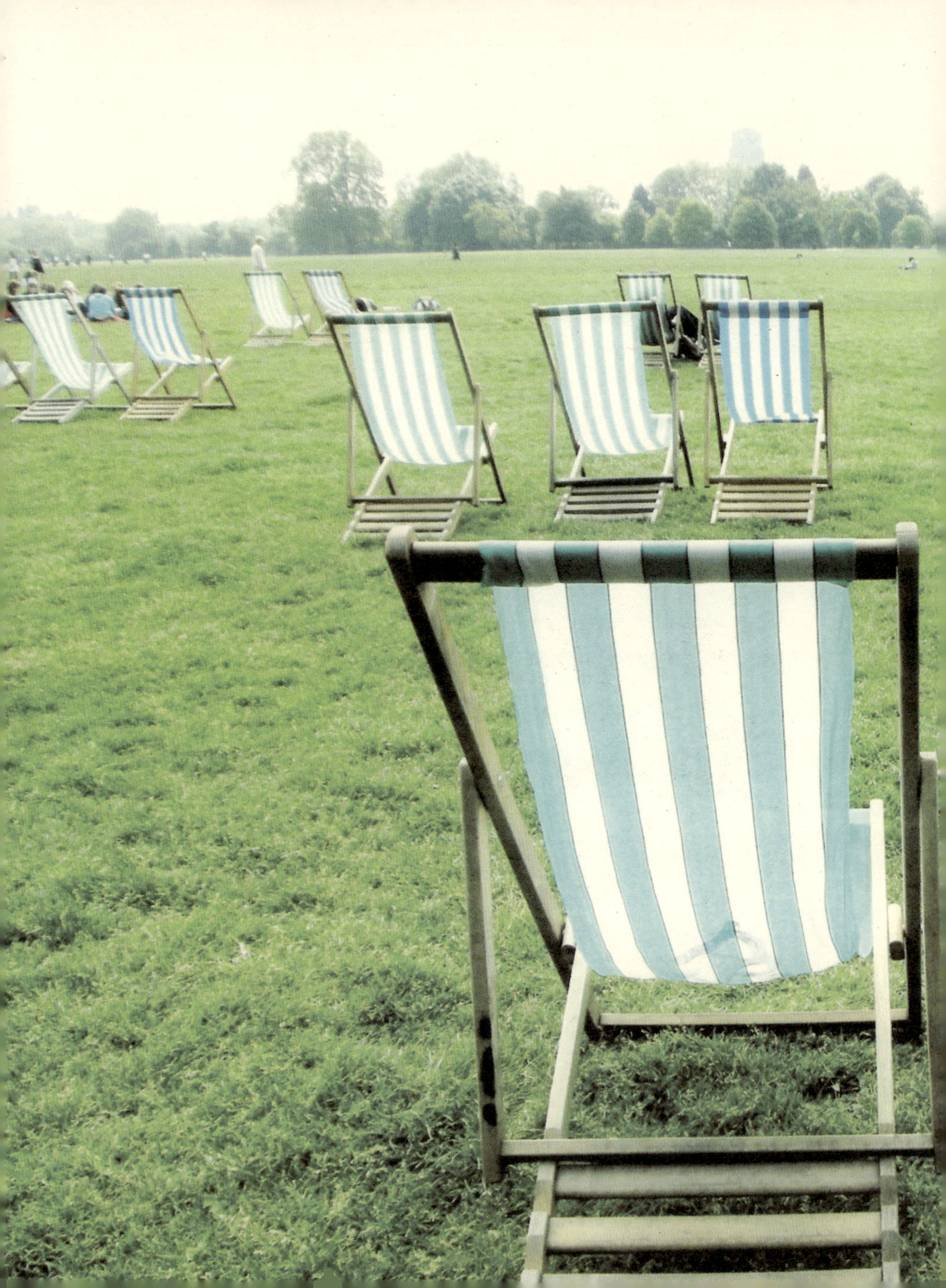

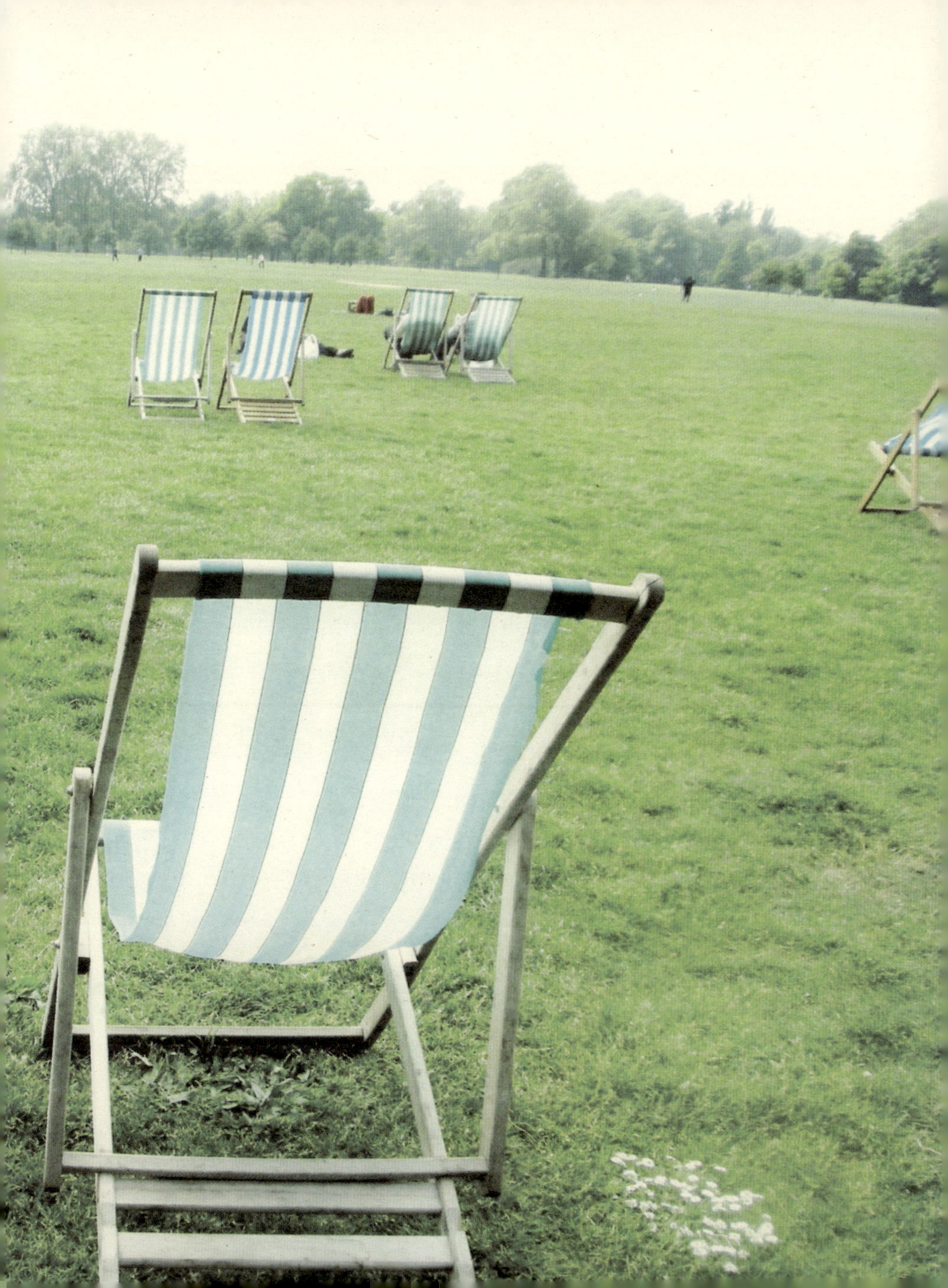

伦敦除了遍布各地的画廊以外，还有无数规模不一的博物馆开放供人参观，欣赏英国各年代的艺术作品，并借由艺术与历史文化来增广见闻。我一进入古代艺术博物馆的陈列室，马上就融入在展览情境之中。不论是绘画或雕刻，都是具有高度代表性的艺术作品。我很喜欢博物馆里的古典气氛，装潢设计既能提升展示效果，又可以增加历史的真实感。虽然展示内容主要着重于英国古代历史，不过，博物馆还是得靠现代多媒体技术展现独特的艺术魅力，让参观者可以透过大量的图片，想象图中隐含的意思，感受古代历史遗风。

　　每一所博物馆的导览人员都带着温和的态度，鼓励我们多欣赏新旧、大小艺术品所具有的风格，让人感觉真像是与亲切的长辈一起欣赏展览。让我们赶快跟着长辈走吧！

Museum

超大美术馆里,感受艺术的伟大,体悟自己的微小

Tate Modern–Tate Britain
感受美术的过去与现在

　　我走过千禧桥往泰特现代美术馆（Tate Modern），在桥上可观赏到圣保罗教堂与泰晤士河流经伦敦。现在还是清晨，天空显得分外的清新亮丽。听说这美术馆的特点不仅是精彩的艺术作品，还有以旧工厂改建而成的著名咖啡馆，室内装潢走的是现代简约风，搭配室外保留下来的老墙，呈现新旧混合的设计风格。因而今天我愿意比平常更早起，希望能尝到传说中的美味咖啡。

　　在美术馆天花板挑高的展览室里，通常都以专题展览为主，展出馆藏绘画精品。美术馆有时也会利用馆外四周的空间举办大小美术作品展。若需要更多空地的话，美术馆的前面、后面和旁边两侧等地方都可以改成展览区。此外，参观者能在美术馆提供的场地参加集体活动，亲身与艺术作品作多方面接触，带来视觉以外的互动及艺术新体验。馆区开放时间为周日至周四早上10点到晚上6点，周五、周六早上10点到晚上10点（酒吧除外，难得找到开放时间这么长的地方）。

　　光看这里的现代艺术作品就十分尽兴了，我还继续搭泰特船（Tate Boat）到泰特不列颠（Tate Britain）去重建艺术史与绘画、雕塑理论的背景知识。船程大约是20分钟，如果风不大、没下雨，就可以坐在楼，观看泰晤士河沿岸的迷人风景，并能跟伦敦眼（London Eye）打个招呼，真是一举两得。

> 要是途中肚子饿了，可从到美术馆的餐厅吃些东西。美术馆的餐厅分别位于2楼和7楼。如果肚子不太饿，建议到2楼吃点点心或早餐；相反，如果肚子饿得受不了，就到7楼的餐厅享用大餐，顺便欣赏整座伦敦的风景。不过，周末的晚餐时段，一向是餐厅最容易客满的时段喔！

还有专卖纪念品的小摊位。我好喜欢摊上摆出的文具和绘画用品，这些纪念品都贴着"Tate"及某个艺术家的标签，看起来都很实用。美术馆楼下有一间超大的书店，售有现代设计书籍。若怕书店过大，从早看到晚也看不完，就转头到另一间书店 Marcus Campbell Art Books。这间书店位于荷兰路（Holland Street），就在美术馆旁边，专卖艺术设计类的外文书。可惜我当天没办法看到书，因为店员不肯让我进去。原因不是他讨厌我，而是他要去邮局寄信。他叫我先去美术馆看展览再来逛书店，离开之前还对我挥挥手，我只能杵在原地用眼神表达失望。

Good is not enough

077

只要购买泰特现代美术馆的双人行优惠券（Tate Tour for Two），即可获得2张门票，包含私人导览服务。一走到门口便有专业导览员带领你们进场参观，介绍美术馆各区的展览与特殊作品。还有很多其他种类的优惠券和特惠价格，想得知详细资料，请上该美术馆的官方网站 www.tate.org.uk。

Victoria and Albert - Museum Childhood
女王与亲王的博物馆

简称 V&A 的维多利亚与艾伯特博物馆（Victoria and Albert Museum）是英国最有名的博物馆之一，再加上以前听过很多人的称赞，让我很想来这里一探究竟。

V&A 博物馆面积相当大，建筑外观富丽堂皇，非常适合需要灵感的人来吸收创意元素。只要静静地休息一下，放松心情，再开始参观里面收藏的优秀艺术作品，一定会满载而归的！不管是室外或室内装潢都十分美轮美奂，连餐厅和咖啡馆也装饰得像座古城堡一样，天花板吊挂着高级的古董水晶灯。博物馆里依照艺术品的创作年代与艺术种类区分展区，有些地方还开放给学生或一般民众进去看书。我还看到一间看起来普普通通却挤满了人潮的展览厅，便好奇地跟过去看看，发现玻璃橱窗内摆着英国各朝代的服装。熙熙攘攘的人群中有许多女生好像是学服装设计的，正在认真地用铅笔画出古董蕾丝、布料图案及服装设计图。

馆内规划有常设展示厅及临时特展厅，除了长期展出的艺术作品，该馆还经常轮流举办各种专题展览。博物馆的收藏品不胜枚举，值得大家逐一观赏，更不该忽略的是室内设计上的小细节，墙上有马赛克镶嵌的装饰图案及各朝代的绘画作品，不但赏心悦目，也让我们从小小物品中看到人类的发展历史。

V&A 博物馆还有两个分馆，分别是童年博物馆（V&A Museum of Childhood）和戏剧博物馆（V&A Theatre Collections Museum）。

伦敦大部分的博物馆并不收门票，而是在入口处设置捐献箱，由入场观众自由捐献。我们可以免费观赏博物馆，也请记得捐点钱支持博物馆的展览、研究与观众服务等各项活动。

V&A 位于伦敦的精华地段——南肯辛顿（South Kensington），附近还有科学博物馆（Science Museum）及自然历史博物馆（Natural History Museum）。这两家大型博物馆的收藏领域主要为生物和地球科学，最罕见的恐龙化石模型被安排在最显眼的大厅，欢迎大家来感受它的雄伟巨大喔！

如果你已经看腻了古代艺术品，不妨到这两个地方看看。童年博物馆果然不愧是英国维多利亚女王和艾伯特亲王的博物馆，这是以收藏和展览童年时代物品为主的博物馆。馆内收藏了大量的古今儿童玩具，无论是男孩最喜欢的模型小士兵和各种小武器，或是女孩爱玩的买卖游戏，各种玩具应有尽有。

　　通过参观这个分馆，我既能感受古代气氛又可享受各种玩具的魅力，甚至对英国玩具发展史有更多更深的了解，更没想到这个博物馆也为我带来无限的创作灵感。

自愿捐款

好好玩！

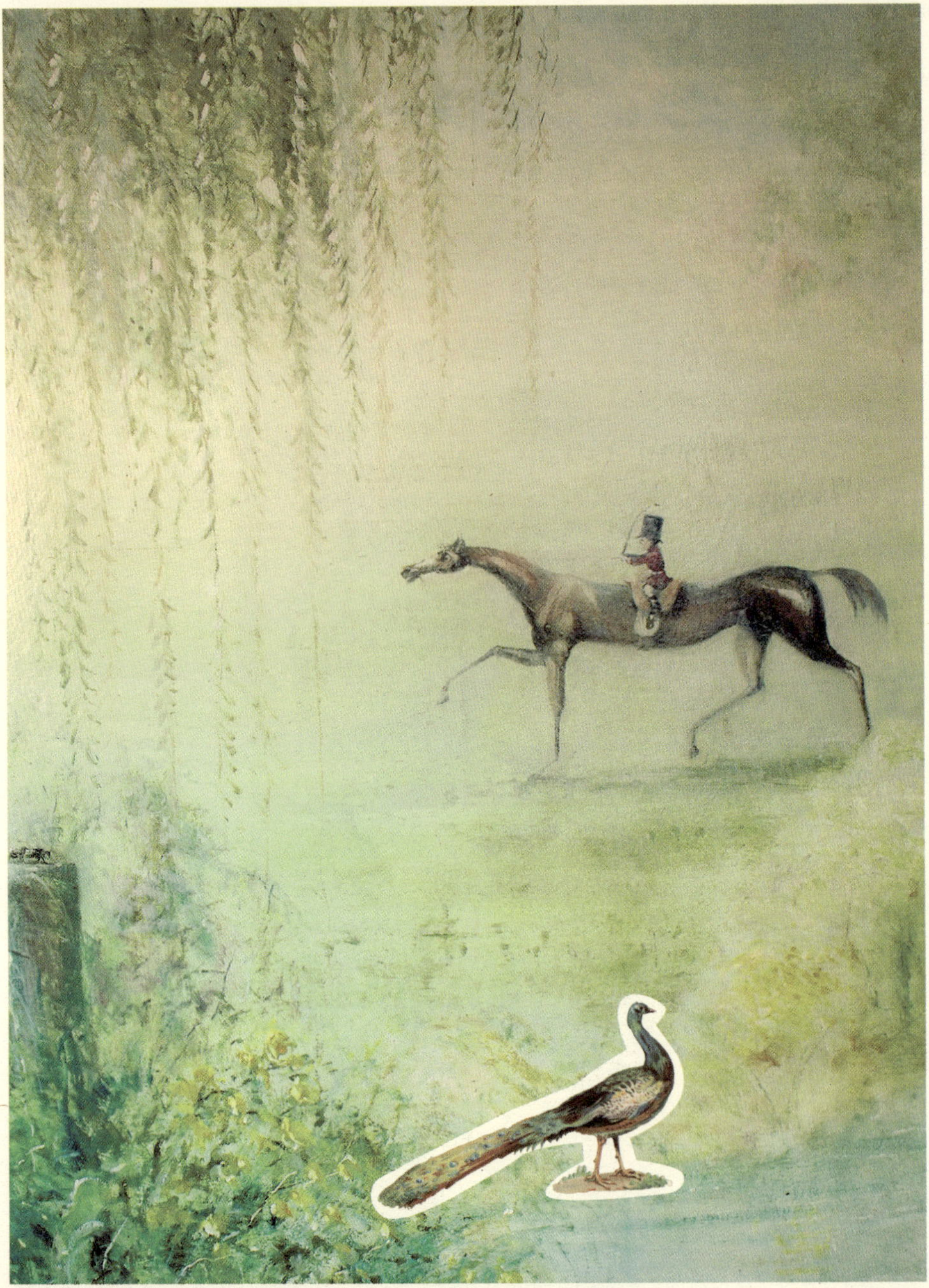

我们手牵手一起去看了不少 Museum，不过还有许多著名的博物馆与画廊等着我们呢！本来我想去沙奇画廊（Saatchi Gallery）走走，欣赏英国当代艺术品，增加自己的艺术气息，可惜画廊正在维修中，无法进入，让我感觉像失恋一样难受。因此，以下将为你介绍两个不用多加称赞，便可以吸引无数人前往的地方，保证不会让你失望。

Geffrye Museum
杰弗里博物馆里，观赏家居设计发展史

  这一座令人叹为观止的伟大建筑，坐落于东伦敦的薛迪奇区（Shoreditch），离市中心不远，建于 18 世纪，当时作为养老院、孤儿院使用。外面有一片青翠的草地，四周有大树环绕。虽然以前是个极普通的养老院，但重新装潢成家具博物馆后，整个大变身。里面展示着英国家居设计的发展史，不仅保留家具原有文物数据，也毫无遗漏地展现出各时期特有的装饰艺术。

  不同的房间中陈列着从 16 世纪迄今的家具，每一间的设计都充满了英国传统气息与高雅气质。展览内容丰富多元，多媒体展示却让参观者对展览内容一目了然，完全不像我看过的一本又旧又厚重的世界室内设计史。若特别喜欢维多利亚 60 年代的复古风，来这里就对了！

地址：136 Kingsland Road, Shoreditch, London E2 8EA（位于 Pearson Street 和 Cremer Street 之间）
地铁：老街站（Old Street）、利物浦街站（Old Street, Liverpool Street）
开放时间：周二至周六 10:00—17:00；周日 12:00—17:00

Chelsea Physic Garden
雀儿喜药草花园

在这里，到处都是葱翠欲滴的树木、色彩缤纷的小花以及数不胜数的草药，爱植物的人一定要来这里。

事实上，雀儿喜药草花园也算是一座英式园林，非常适合踏青野餐，在大自然的包围中享受下午茶。园中依植物的用途分为药用花园、蔬果区、实用植物园等，并且标注了植物名称、疗效和生长地区等信息。最吸引我的是南瓜园，各式各样的南瓜让我想到万圣节南瓜灯笼，一定可以用这些南瓜做成各种饰品。这个药草花园是英国第二古老的植物园，仅次于牛津大学植物园（University of Oxford Botanic Garden），为了研究药用植物，园内收藏5000多种药草，门票为每人8英镑。除了花草树之外，有时也会举办一些有趣的工作坊，如无添加纯手工果酱和蜂蜜的DIY教学。另外，咖啡馆里的柠檬蛋糕和下午茶套餐也令人垂涎三尺，总是供不应求呢！

地址：66 Royal Hospital Road, Chelsea, London SW3 4HS
地铁：斯隆广场站（Sloane Square）
开放时间：周二至周五 12:00—17:00；周一、周日和国定假日（Bank Holiday）开放到18:00

086

087

Barbican Centre
巴比肯艺术中心,伦敦
灰暗的一面

在一月一日当天，我兴致勃勃地走进全欧洲最大的表演艺术中心，等着欣赏古典音乐，迎接新的一年（嘻嘻）。并不是我的迎新方式与众不同，只是这段期间许多店家都打烊。我本来打算随意逛逛街，浏览商店橱窗，后来不得不改成参观艺术中心和博物馆，这样也不错喔！

人人都说我很丑

在第二次世界大战期间,巴比肯艺术中心遭到猛烈轰炸,原有的建筑物几乎全部成了废墟,需要十几年的时间重建。1982年才又重新开放,每年会定期举行音乐、戏剧、电影节及艺术品展览。这个艺术中心被誉为欧洲最大的展演中心,而建筑自建成后就争议不断。建筑外观属粗野主义派(Brutalist architecture,又称野兽派),几乎都采用灰色涂装,显出混凝土、玻璃和钢铁等材料的粗野感。因此,在2003年的"灰伦敦民意调查"(Grey London poll)中,被评选为"伦敦最丑陋建筑"。(真的好可怜喔!)

无论它有多灰暗,我还是觉得整体建筑占地非常大,特别适合举办各种艺术与文化活动。这里除了传统的人工售票方式之外,还提供永不间断的网络订票服务。有兴趣的人,可以上官方网站 www.barbican.org.uk 查询相关信息。

当我从巴比肯地铁站(Barbican)走到这个艺术中心时,看到简单而漂亮的墙壁就觉得好喜欢,设计师将整面墙划分成正方形或长方形,并在里面涂上黯淡的色彩。当时,刚好没有任何车子经过,周遭十分安静,这种寂寥的气氛是不是根据Grey London概念创作出来的呀,(哈哈)在等候表演开场时,可以去Restaurants消磨时间,餐馆的装潢很吸引人喔!

地址:Silk Street, London EC2Y 8DS
地铁:巴比肯站(Barbican)
开放时间 周一至周六 9:00—23:00;周日与英国国定假日 12:00—23:00

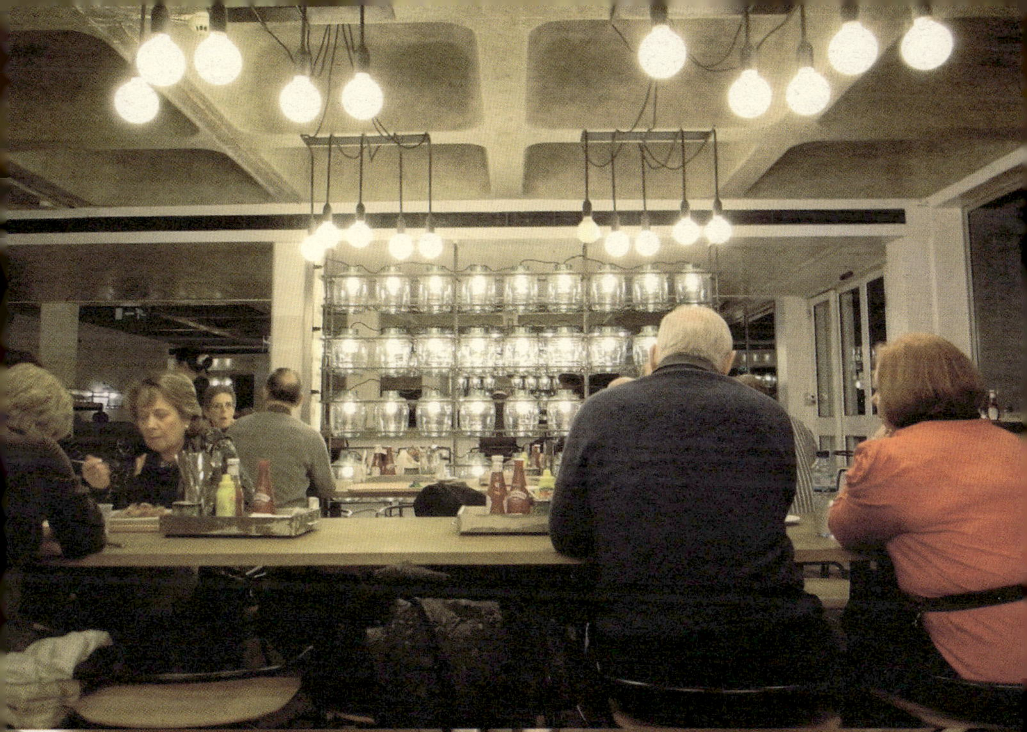

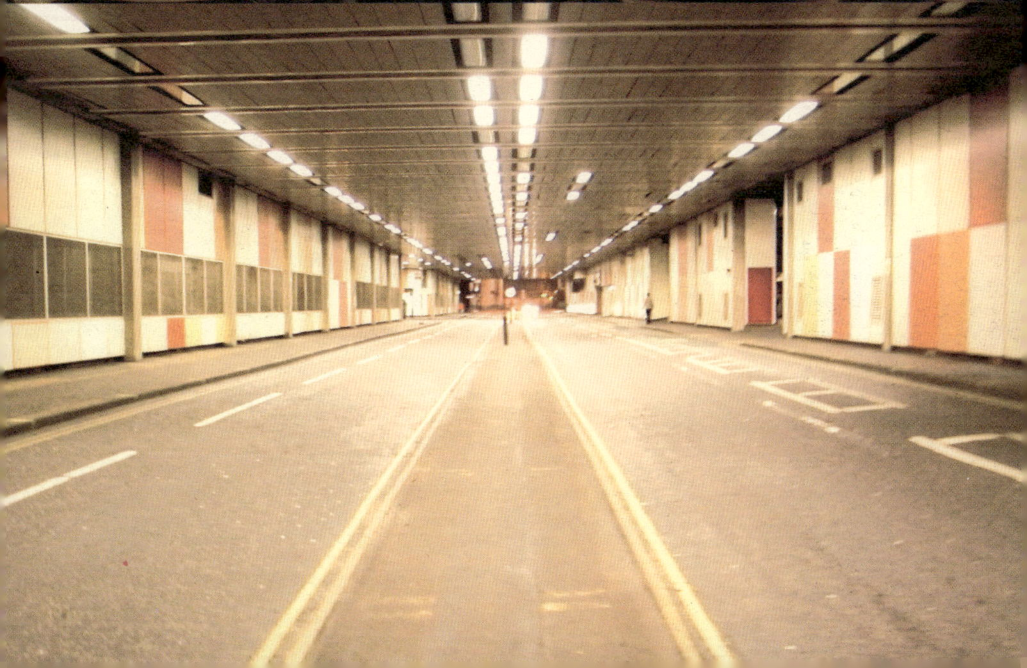

Persil

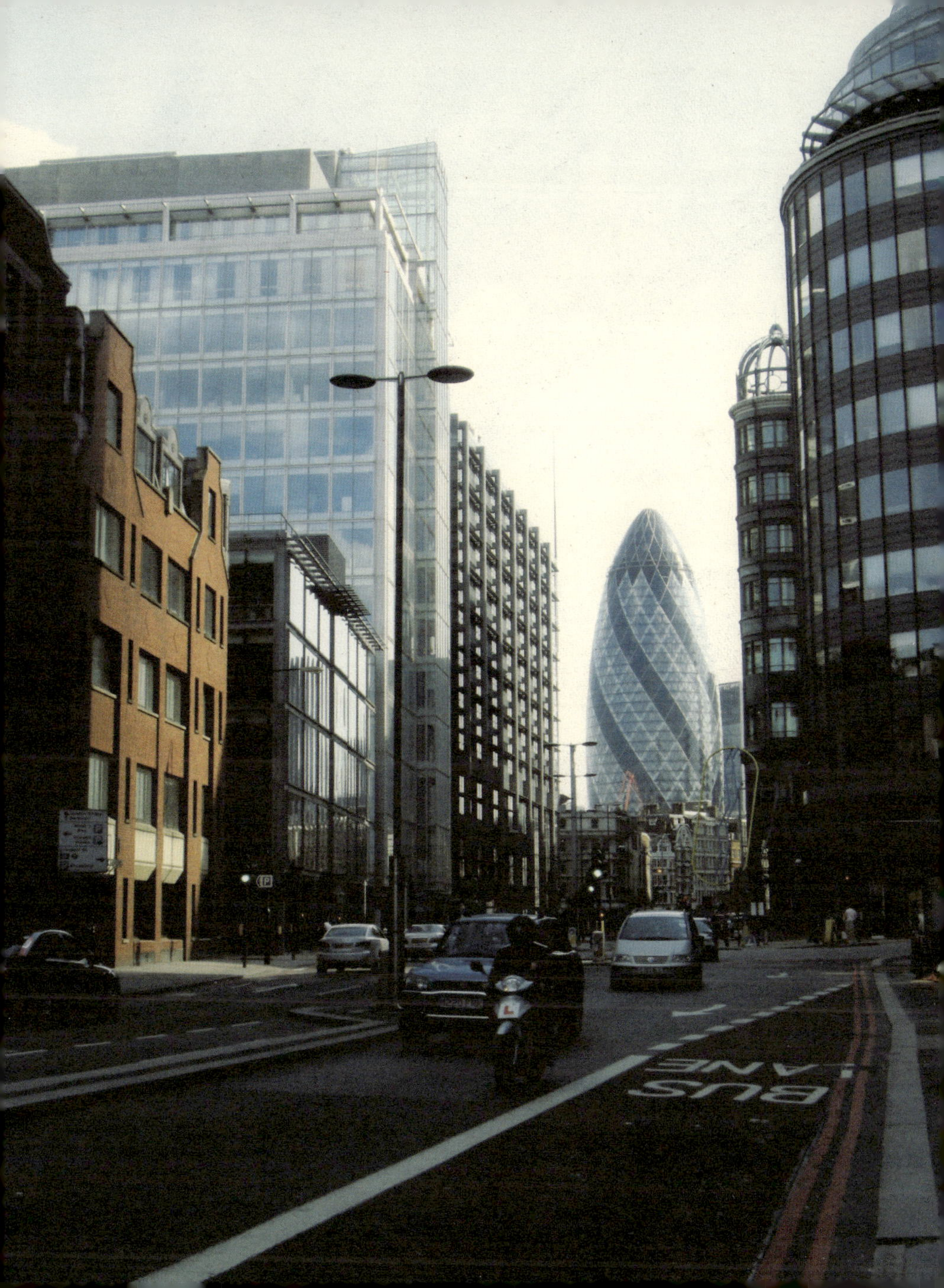
BUS LANE

Department Store

百货公司的橱窗是不可错过的时尚风景

超可爱的！

　　如果是去其他国家的百货公司，我会带你走马观花地从一楼逛到顶楼。不过，英国百货公司的最大特色在于橱窗设计，各家百货公司除了对商品质量极为重视外，在橱窗设计上也煞费苦心，以求透过视觉元素吸引顾客的目光。

Selfridges
点燃橱窗大战的百年百货

　　这家百货公司已超过百年历史，至今仍屹立不摇。由于该百货公司非常着重室内外装饰，每一层楼、每个角落都装饰得金碧辉煌，尤其是那些经过特殊设计的橱窗，总让人深深着迷，因而有所谓的"西区的橱窗大战"（The West End Window War）。Selfridges 的每项商品都经过精挑细选，每月依照营销策略进行橱窗设计，以尽可能完整呈现商品特性及设计师的创作理念，使橱窗陈列能具有良好的视觉效果，让熙来攘往的路人忍不住多看几眼。这些橱窗布置的幕后功臣皆是世界知名设计师，将百货公司的橱窗当成他们专业能力的展示场。

Old Street 老街站

Selfridges 百货公司于 2009 年庆祝成立 100 周年,室内外的橱窗设计都是从百货公司的代表色系为主,即 Pantone 色票中第 109 号的鲜黄色,而且庆祝活动持续了整整一年,热闹欢乐的气氛充满了整个现场。

Harrods
英国最有名、最顶级的百货——哈罗德百货

我小时候天天背着一个学生书包,手上拎着一个 Harrods 的防水布购物袋上学去,所以从小就知道这家历史悠久的百货公司。只要搭乘伦敦地铁到骑士桥(Knightsbridge)站,出站后就会看到 Harrods。Harrods 从 1894 年营业至今,是全英国最有名气、最高级的百货公司。百货前的人山人海令我惊讶不已,真不愧是伦敦观光客必来的地方。建筑外观仍保留百年前的原始风貌,室内分为许多商品展售区,并以牌子明确标明各个地点。不过,我现在对任何东西都不感兴趣,一心只想过马路到对面的 Harrods 102 美食馆。Harrods 102 是以满足顾客对生活便利性的需求为主要营业目标,非常适合伦敦人忙碌的生活。里头分为餐饮区与哈罗德超市,世界各国的美食和著名的快餐店也都在这里集合,几乎你想得到的食物都可以在这里找到。

100 years of SELFRIDGES

Food Hall

Harrods
KNIGHTSBRIDGE

GALLIANO HOMME ON LG1

Harvey Nichols
奢华系百货

每次来到这家英国高档百货公司，我一定会先跑去顶楼的超市，因为我特别喜欢这家百货公司的自有品牌产品及各类充满诱惑的食品包装，例如：食物材料、甜点、茶、咖啡等，全在架上摆得密密麻麻的，很快就吸引我的目光，还有多家美味的餐厅与咖啡馆。我欣赏完突出的食品包装设计后，就会搭乘电梯下楼往各楼层慢慢逛下去，其余楼层则主打男女时尚服装及配饰。Harvey Nichols 的商品都是世界顶级奢侈品牌，独一无二的橱窗设计也完全不输同等级的其他百货公司。橱窗陈列总会随季节变化而不断更新，针对不同时段和不同消费季，设计出令人惊叹的商品陈列方式。

Liberty
有如城堡的古典百货

这家百货外观古典优雅，让我看了第一眼就被吸引住了，而且有一种梦幻城堡的感觉，夜间开灯后又更加漂亮了！装潢简单却不失典雅气质，室内的高级实木地板看起来好有复古风情，与时尚品牌商品融合之后，就变成一家又漂亮又豪华的百货公司。这里充斥着许多销售世界名牌服饰的店家，店里还提供半开放式空间并放置桌椅供客人短暂休息，以轻松享受英式下午茶时光。Liberty 所有的橱窗陈列的不仅是促销商品，也会配合 V&A 博物馆的展览主题。

在 Liberty 前面，有一家花店贩卖着形形色色的花朵。花色缤纷，加上散发出来的淡淡花香，让我不知不觉走进去了。

Marks & Spencer
提供品味生活的大功臣

这个品牌的产品种类繁多，产品系列包括高档的家居饰品、食品和寝具等，产品皆以家庭主妇及中老年妇女为主要销售对象，而超市里出售的食品和食材则以注重健康者为主要客群。虽然价钱比一般超市贵了许多，但是质量保证优良，蔬果新鲜且绝对没有农药残留。大部分食品的包装也是小分量，近似于单人份的家常菜，快速又方便，十分适合单身男女或忙碌的上班族。我很开心地在超市内边逛边试吃，不管熟食、便利食品或点心，全都可以吃得很过瘾，一边品尝美食，一边欣赏美丽的包装，真是太享受了。

小超市和大型超级市场遍布伦敦的大街小巷，主要的超市包括 Sainbury's、Waitrose、Tesco。还有许多有趣的小商店，比如：有机食品专卖店及印度人的小商店，后者的特色是 24 小时营业。如果晚上想买东西，就只能去这些印度人经营的杂货店。最后一种是以经营医药、美容、保健品为主的美容健康连锁店（在英国，以 chain 表示连锁经营），像是 Boots 和 Superdrug 等。

Dover Street Market
让伦敦客惊艳的日本时尚

这个名称让我以为市场内聚集了销售多种商品的摊位，应该是跟一般市场相同；事实上，这里是一栋充满创意的优美大楼，最吸引我目光的是日本知名时尚设计师川久保玲（Rei Kawakubo）的服装店。勤劳又能干的她成立了一个服饰品牌，名为 Comme des GARCONS。

我个人觉得川久保玲有意以这家店创建丰富多元性与高度变化性的服装市场，每款服装都以混搭法为主要设计理念。让时尚达人可以透过各种豪华的服装混合和搭配，打造出专属自己的风格。除了 Comme des GARCONS 外，大楼内还有几位独立设计师的品牌，包括：Junya Watanabe、Undercover、Ann Demeulemeester 和 Dior Homme。

这个街头市场共有 4 层楼，各层楼都贩卖不同风格的服饰，最大的亮点在于陈列方式。橱窗通常会根据季节变化，把当季商品集中陈列，偶尔也会依照特殊节日或主题来布置，一整年不断地更新与变化，因而能持续吸引顾客观赏，并期待每季橱窗设计带来的惊喜。

四楼（最高楼）充满了浓浓的日式风格，该楼层的角落有家超 cute 的咖啡馆，除了供应香醇美味的咖啡，还展售日本服装品牌 Labour & Wait 的商品，横条纹 T 恤、亚麻布衣服与纯棉服饰皆充满了日本文化的味道。

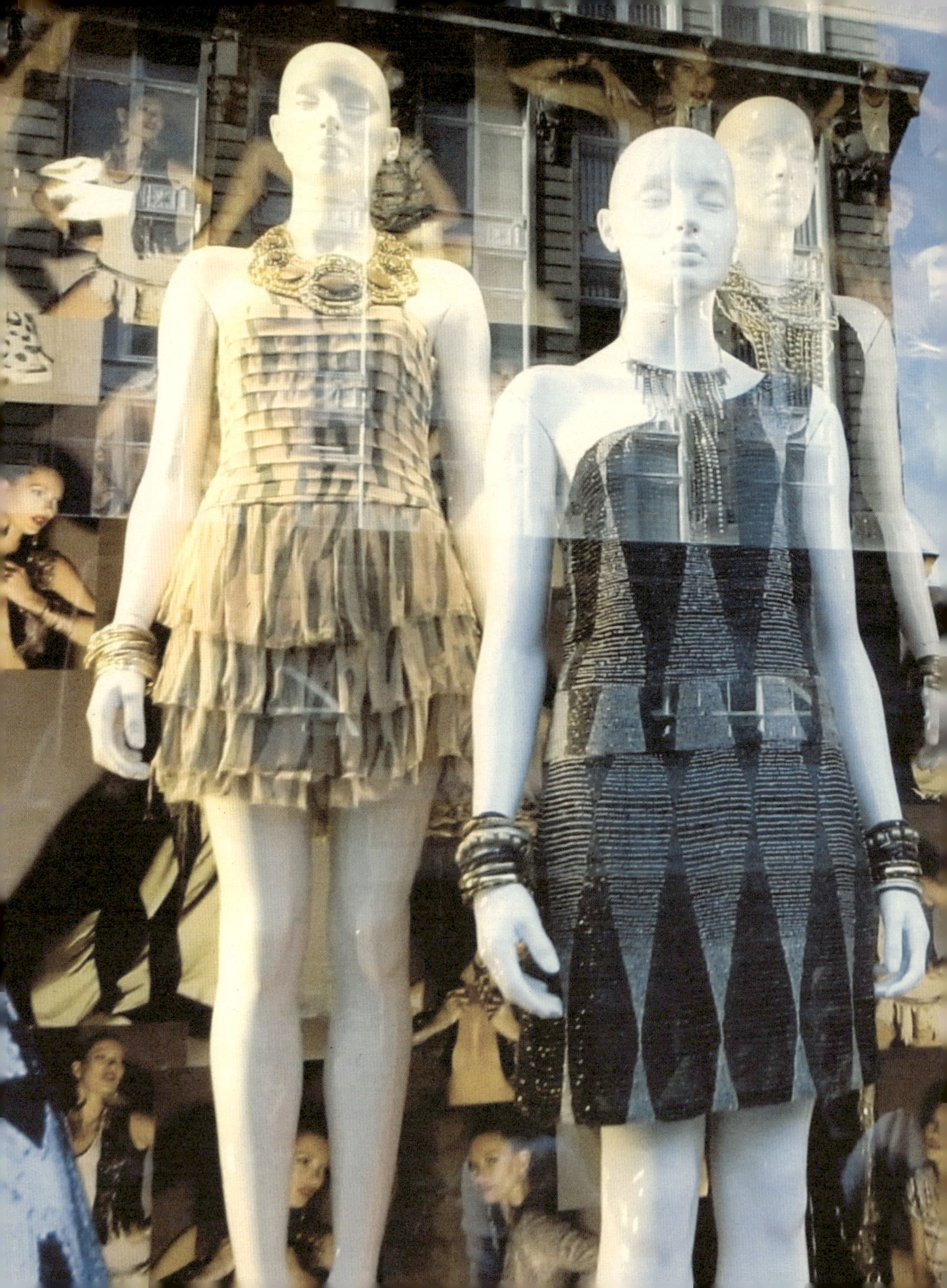

Topshop

让年轻人　年轻设计师独领风骚

　　一提到伦敦，很多人就会想到这个品牌，最大的 Topshop 旗舰店坐落于牛津街（Oxford Street），至少要花半天以上才逛得完。这里还为来店的贵客提供个人专属的造型顾问服务（Style Advisor），让时尚专家帮你解决服装搭配的烦恼。若想修剪或美化指甲，这里也可以满足你的需求。地下一楼则开放给新一代服装设计师（Young Designer）使用，让他们有更多机会推销自己的品牌。虽然只是一些小品牌，不过设计可爱又独特，很容易就吸引到年轻人的目光。看来 Topshop 正是一个让他们从无名变有名的地方啰！

Primark

在彩色的平价战场里，全力以赴为衣服战斗！

哎哟！救命啊！

　　走进这家店之前，最好先问问自己——真的准备好战斗了吗？
　　如果你已作好了心理准备，就跟我一起杀进去吧！店内人潮汹涌，但不要以为我们今天来刚好碰上特价活动，而是这家时装店总是这么生意兴隆。顾客们似乎都忙着选择适合自己和身边朋友的服装，有人手上拿着挑选好的商品或提着购物篮，有的对着镜子拿起一件件衣服往身上比对。我看着他们挑衣服的认真表情，就知道这对于他们来说是多么重要的使命。卖的大多是平价商品，但是质量也跟售价一样低，可能没穿几次就破了。
　　在旗舰店里，会觉得处处都散发出无尽的吸引力，整间店就像个宝库一样。我相信哪里人越多越表示有值得"战斗"的东西，所以特别喜欢到人挤人的地方挑选衣服。五颜六色的服装与各种配件让我目不暇接，而且大家抢得你死我活的，让我深切感受到战斗气氛，仿佛置身真正的战场。周围所有人正默默进行一场无声的竞争，需要花很多工夫才能得到好东西，害我累得像条老狗一样，又看到结账柜台大排长龙，我终于失去耐心，干脆举白旗投降，将篮子里的衣服叠好放回去，等我锻炼好自己的体能与耐性，再来挑战吧！

Primark 是来自爱尔兰的平价服饰，由于商品价格比同业低，服装不仅种类多得惊人，同一种服装也有多款尺寸跟颜色可以迎合个人喜好，不管是简单休闲系列或永不落伍的经典款都很时尚有型，而且常常推出新款商品，吸引顾客不断来店消费，因此可以想见这是英国最受欢迎的潮牌之一，大家都喜欢来这里买衣服，可说是购物狂的天堂。

Primark 旗下大概有 10 个以上的潮流品牌，以低价策略来吸引顾客。超大尺寸的标价牌上写着低价，从远远的地方都可以看得很清楚，便宜得令人不敢置信，走进来后就被深陷其中无法自拔了，如同很多不知不觉买下了一大堆衣服的人一样。

这边进去,那边出来
进进出出,足迹踏遍整座伦敦

哇!一下就到目的地了。

伦敦是世界上最大的城市之一,大街小巷隐藏着各式各样的奇妙魅力,让我情不自禁地想去探索一番。不管我跟谁说我要去伦敦旅行,他们都会分享实用的信息及最新最完整的旅游景点,再加上书中推荐的小商店,我便赶快安排时间去亲自体验传说中好吃好玩的地方,也顺便介绍给大家认识。

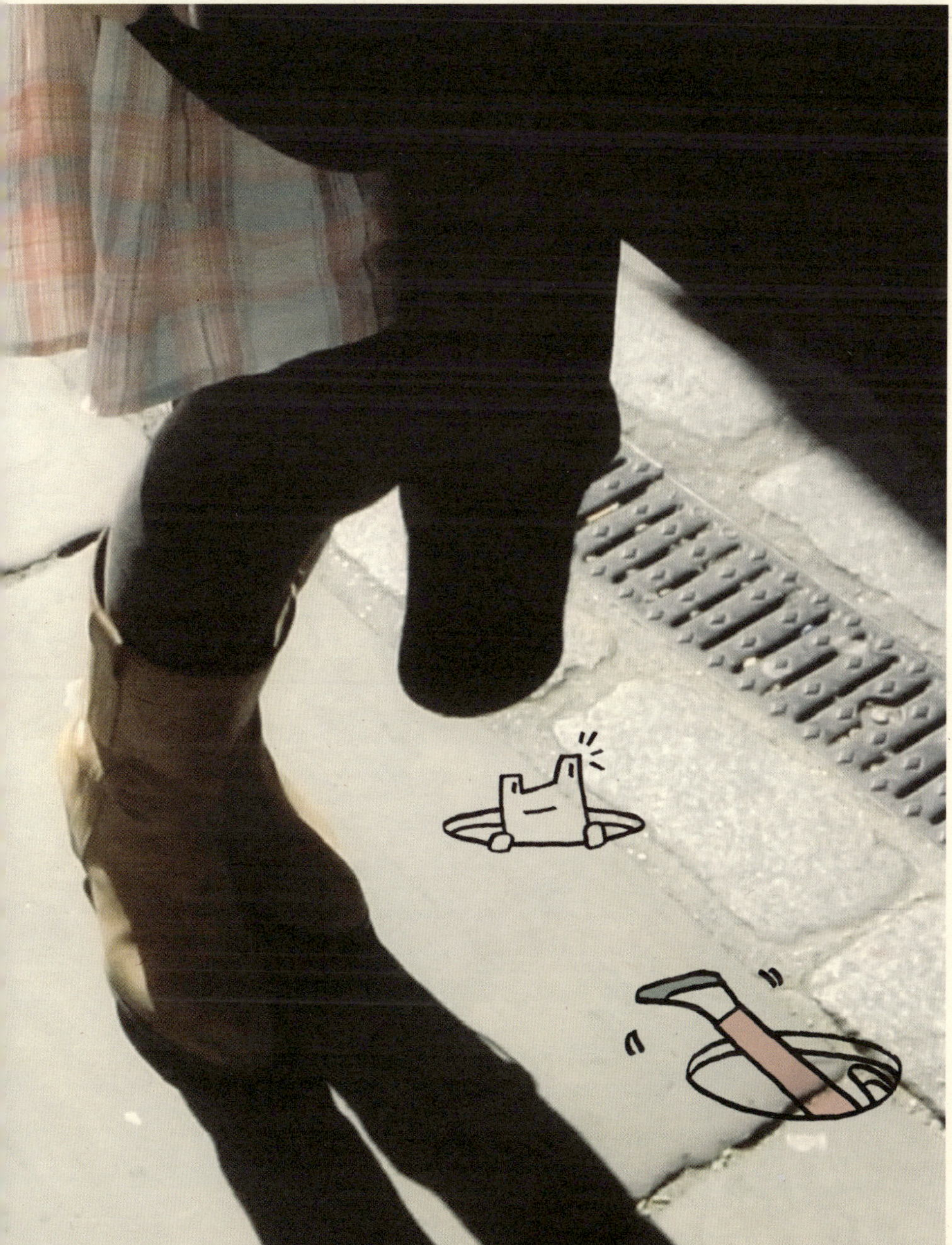

甜美糖果色

"The smile on your face let me know that you need me
There's a truth in your eyes saying you'll never leave me
The touch of your hand says you'll catch me if ever I fall
You say it best when you say nothing at all"

当车上广播下一站是诺丁丘站（Notting Hill），这首*When You Say Nothing at All* 就一直在我脑中反复播放着。虽然我清楚休格兰不会在书店前等我，不像他曾主演的电影《诺丁山》（*Notting Hill*）那样，但是我早就听闻许多人对这个电影拍摄景点的赞美，今天终于有机会亲自走一趟，我整个人兴奋到要爆炸，一边沿着波多贝罗路（Portobello Road）往前走，一边哼着歌。

眼前的小巷子里出现了清新可爱的糖果色房子，每栋房子都愿意免费当我的模特儿，完全不害羞地摆出专业姿势，还鼓励我要充分利用这个难得的机会，尽量多拍几张，表情像在说着"请拍我吧！这个pose还可以吗？我们的色彩是伦敦最甜美的喔！"

Notting Hill

诺丁山，沿着甜蜜的糖果色房子，找蜂鸟吃蛋糕拍照拍到过瘾之后，就慢慢地跟许多不同国籍、不同肤色的人沿着走道走。第一次来这里的游客也不易迷路，只要随着人潮前进即可，自然会来到伦敦波多贝罗路市场（Portobello Road Market）。波多贝罗路两侧遍布着各种令人神往的小商店，一眼瞄过去就知道这肯定是个古董市场。

除了平日也营业的商店外，有许多摊位只在周六才来摆摊，每周六的波多贝罗路古董市场都吸引了大批观光客，市场的营业时间是早上5点半到下午5点。我一只脚刚踏进该市场，就看到大大小小的摊位和商店，以及琳琅满目的二手古董，英国国内外不同年代的古董商品都集合在这里了。这个市场据说是世界上最古老的市场之一，市场贩卖的商品种类繁多，例如：宝石、胸针、耳环、项链、餐具、桌灯、皮球、明信片、艺术画等。不过，会让人皱起眉头的是价格似乎略高一些。来到这里，你不妨多仔细瞧瞧，即使什么都不买，也值得一看，真的可以让你大开眼界。

对我而言，逛街的乐趣不仅在于欣赏每家店的商品特色、街道沿途的风景，还在于吃吃喝喝，享受当地特有的新鲜美食。谁说波多贝罗路市场只有纷纭众多的古董，我觉得这里也是个充满美食且风情万种的好地方。在市场里有很多英国当地风味的咖啡馆，可以自由挑选自己喜欢的店家坐下休息或吃点东西补充体力。可不要跑到每一家品尝香浓的咖啡喔！怕你迷上了就不停地喝，喝到一整个礼拜都睡不着觉！如果肚子饿想吃点小点心，路边小摊也是极好的选择，除了充饥外，可以欣赏到老板烹调的模样。心地善良的老板让我们免费无限试吃，他强调："这边所有的食品大家都可以吃吃看，喜欢的话再买。"市场中间多半贩卖新鲜水果、蔬菜和咸食的摊位，我分不太清楚那些咸食属于哪一国料理。为了让顾客方便外带享用，一般店家都使用塑料盘装，这样就不用再花时间找地方坐着吃，反而能同时享受美味、欣赏古董，增加逛街的乐趣。

Notting Hill Gate 诺丁山闸门站

The Hummingbird Bakery
小鸟巢里的粉色杯子蛋糕

　　这只粉红色蜂鸟比其他的更 Sweet！而且它飞行时翅膀振得极快，1 秒钟高达 80 次，成功吸引顾客的注意。店内的透明橱柜里放着形形色色的杯子蛋糕，颜色比彩色笔还丰富。每个小杯子蛋糕都覆上了奶油霜，光是外观就漂亮得让人舍不得入口，吃起来松软香甜，难怪总是大排长龙。

　　如果来到波多贝罗路市场，绝对不能错过这家杯子蛋糕店。店内较窄，不过装潢及饰品都十分精致可爱，是女生看到都会爱上的风格，再加上造型独特的杯子蛋糕，整间店就被女生挤爆了。

　　除了可爱的装饰和蛋糕外，小细节也值得留意，例如：墙上的图画、明信片、玻璃杯、碗盘、蛋糕标示牌及店面陈列，一切都搭配得非常和谐，再加上大胆地采用了对比色彩，相信一定能吸引你的目光，强烈推荐你亲自来观赏这个蜂鸟的小巧鸟巢。

　　杯子蛋糕的口味多元，不喜欢吃太甜的人，可以试试巧克力布朗尼或饼干，甜度比杯子蛋糕低很多，吃久了不会腻，很适合喜爱微甜口味的顾客。

112

113

Lisboa Patisserie
无懈可击的满分蛋挞

　　这是我朋友推荐的面包店，她说店面看起来很普通，而招牌蛋挞却是独一无二的可口喔！

　　从外表看来，蛋挞形状与我们常看到的相似，老实说并没有特别突出之处，经过细细品味后，才知道风味绝佳。蛋挞最大的优点在于内馅滑嫩、奶味十足且带点微焦香气，配上烤至金黄松脆的酥皮，味道甜美香酥，冷了以后依然美味！吸引了不少人前来购买，小小的店门口总是大排长龙，害我排队好久才吃到蛋挞。一个个橱柜里摆着各种甜点和面包。由于一直呈客满状态，座位不够坐，我以外带方式站在门口吃了一个热腾腾的蛋挞和一杯热巧克力。不必感到害羞和尴尬，因为店内外每个角落，只要有地方可以放盘子、杯子，都会被客人充分利用。可惜每个面包和甜点都挺大的，我没办法吃吃看其他东西。最好多约几个朋友一起去，一人点一个，这样既不用吃太多，也能享用到多种口味。吃饱喝足了，就再继续逛街吧！

地址：Lisboa Patisserie：57 Globorne Road London W10 5NR

韦斯特波恩格鲁夫街（Westbourne Grove）与波多贝罗路（Portobello Road）相交形成十字路口，这两条街气氛差很多，位于前者的商店都走现代简约风。店面不大而商品全是顶级品牌。我很喜欢赖柏瑞路（Ledbury Road）上一家名为 Aime 的店。店内主要贩卖法国舶来品，有家居饰品、服装和日常生活用品等。内部装潢挺特别也挺可爱的，仔细看每个角落就会发现，商品好像故意陈列得有点杂乱。这家店隔壁就是儿童用品专卖店 Petit Aime，专卖儿童的服饰、日常用品、娃娃和玩具。

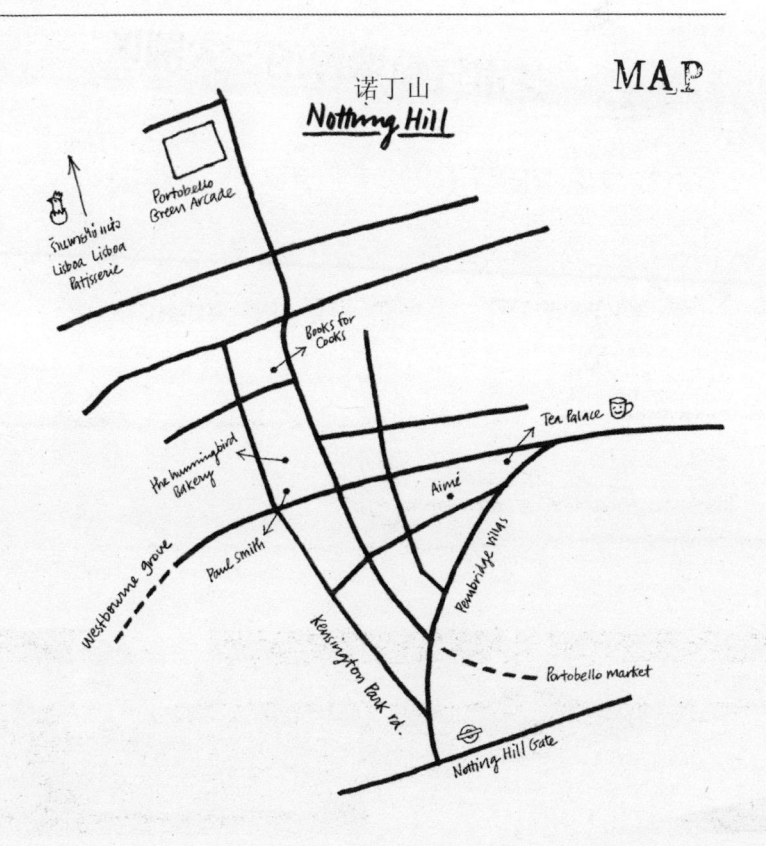

MAP

诺丁山
Nottng Hill

Portobello Green Arcade

Shortcut to Lisboa Lisboa Patisserie

Books for Cooks

Tea Palace

the hummingbird Bakery

Aimé

Paul Smith

Westbourne Grove

Pembridge Villas

Kensington Park rd.

Portobello market

Notting Hill Gate

Shoreditch, Brick Lane Spitalfield

艺术气息浓厚的三大潮区

好吧！我要坦白一件事。

我本身是不吃牛肉的人，但可以跟别人共享一个火锅。在同一个火锅里，你夹一块我煮一块牛肉的也没关系，我还是可以轻轻松松地享用自己喜欢的料理。

近年来，我就完全不吃牛肉了，不管别人怎么花言巧语诱惑我，我都会毫不犹豫地拒绝。然而，在某个周日下午，我来到伦敦的布里克巷（Brick Lane），却因 Britain's First and Best Beigel Shop 的咸牛肉贝果（Salt Beef Beigel）而破戒了。

Britain's First and Best Beigel Shop
让人投降的美味贝果

这家店里挤满了用餐跟等着外带的客人，大家为了新鲜现做的咸牛肉贝果，排队再久也甘愿。咸牛肉贝果看起来并不起眼，材料也很普通，包括贝果（Beigel，一种圆面包，中间有个洞，外硬内软）、大片牛肉、芥末和酸黄瓜，但是一入口，就会感受到牛肉的软嫩口感，还有香浓肉汁在舌尖缓缓化开。慢慢咀嚼，满口都充斥着牛肉香味，让我吃到眼睛充满笑意，忍不住一口接一口，同时将两只手指交叉，骗自己没在吃牛肉。牛肉本身经过自然发酵与盐渍过程而变得很软嫩，咸牛肉贝果的做法也很简单，先将贝果切成两半，再将大块牛肉烤熟后，切成厚片，放在贝果里并抹上芥末，加上酸黄瓜后，再盖上另一半的贝果。你可以依照自己的饥饿程度选择尺寸。排队等待的时候，还可以欣赏到店员制作咸牛肉贝果的全部过程。我看他们忙得手脚都打结了，而且看得太专心，两只手指不知什么时候已悄悄分开，完全忘记自己要做手指交叉的动作。

不好意思

🚇 Liverpool Street Station 利物浦街站

除了最有名的咸牛肉贝果之外，还有很多口味的贝果可选，像是原味、芝麻、洋葱等。附近还有另一家叫"Brick Lane Beigel Bake"的店，同样也是卖咸牛肉贝果，听说也是挺有名的，每天店门口也几乎是大排长龙，超有人气的。那么该如何区分这两家店呢？这就要借由招牌的颜色来辨识了，前者的招牌是黄色，后者是白色。两家每天都是 24 小时营业，除了偶尔休息之外，几乎一整年都没有公休日，无时无刻不可以来这里享受咸牛肉贝果。又大又厚的牛排、外焦里嫩的贝果，加上呛辣芥末调味，谁也抗拒不了这诱惑！

在伦敦大街小巷都很容易找到咸牛肉贝果，在一般餐厅、市场甚至 Selfridges 百货公司等地方也可以吃得到。

🏠 Britain's First and Best Beigel Shop：155 Brick Lane, E1 6SB

🏠 Brick Lane Beigel Bake：159 Brick Lane, E1 6SB

Sunday Upmarket
英国的创意市集

　　我计划周日时一定要去创意市集 Sunday Upmarket，若错过这一次，就要等下周了，逛这里最理想的时间应该是中午，人群熙熙攘攘的，气氛温馨热闹。在这里可以找到很多美食，以及设计巧妙而充满惊喜的艺术品，全都是艺术家们"自己做自己卖"的，正跟 Sunday Upmarket 的概念一样，让买卖双方能面对面交流。

　　Sunday Upmarket 是个室内市场，外观上看来就觉得它很像仓库，不大不小，不用走得很累就能全部逛完。很多摊位老板本身就是艺术家，因此，市场上贩卖的商品大多来自优秀的设计师及主修服装设计的学生。他们不仅负责店内的销售工作，也会向顾客详细介绍自己的作品。场内的商品不胜枚举，以复古风服装为主（也是伦敦市场不可或缺的，这里价格跟其他市场比起来平价许多。我从一大堆衣服里找到一条复古风的围巾，只卖1英镑而已），还包括各种图案的衬衫、饰品、包包和鞋子等。

　　Sunday Upmarket 分为服装区、电影区、音乐区及最有特色的美食区，爱吃的朋友千千万万不要错过喔！我们能在这里吃到世界各国的料理和各种稀奇古怪的食物。不同国籍、不同个性的老板贩卖着自家制作的食品，有的是先在家做好再带来市场卖，有的是在现场现做现卖，有西班牙菜、葡萄牙菜、印度菜等好吃又有特色的料理，此外，还有英国地道的咸派和杯子蛋糕。我走走逛逛，就看到不少年轻男女坐着玩卡罗姆游戏（Carrom game），玩家要在自己所在的一方设定方向进行射击，目标是把棋盘中的硬币打入洞内。这种桌游真的很流行，许多人一边玩一边吃，零食不离手，大家都笑得合不拢嘴。

从 Sunday Upmarket 出来会看到一个空地叫作 Ely's Yard，附近有很多美食摊，多得跟市场内一样。一看摊位老板的长相就可以确定卖的是哪一国料理。喜欢吃哪一国菜就可以买下来，绕着空地边走边享受美食，也有几个摊贩贴心地提供座位，让客人不用久站。另外，为了响应当代艺术潮流及杜鲁门老啤酒厂艺术区（The Old Truman Brewery）的策略，在布里克巷（Brick Lane）附近和这里偶尔会举办一些节庆活动，像是音乐会、艺术展览等，主要目的在于支持艺术家在当代艺术领域里的创新行为，因而布里克巷（Brick Lane）附近的画廊都满是人潮、各国美食和啤酒！

Ely's Yard The Old Truman Brewery：91 Brick Lane London E1 6QL

Story Deli
吃比萨，独乐乐不如众乐乐

从玻璃望进去，会以为是薛迪奇区（Shoreditch）的一家面店。店内摆着几张大桌让客人共享，一起围着享用餐点，每张桌上都放着一组调味料，让客人依喜好自行添加，有时大家也需要把调味料小瓶递来递去。这样的气氛让我感觉像是回到了学生时代，天天在学校餐厅和同学一起吃营养午餐的情景。若想亲自感受这样的温馨气氛，欢迎到这家有机比萨店。

只要随意找个位置坐下，从菜单中挑选出自己喜爱的比萨口味（尺寸适合一个人吃，但我只是一个小小只的亚洲女生，两人吃一份刚刚好），稍待一会儿后，美味的手工比萨就热腾腾地上桌啦！服务生将刚出炉、上面铺满各式馅料的香酥比萨放在木盘端上桌（这种木盘看起来像是木砧板），我等着旁边的人把奶酪粉递过来时，心里已想着下一份比萨该吃什么口味了！

提醒你，如果遇到很多客人同时来用餐的话，可能要等待一下，因为这是一家很有名的比萨店喔！

Absolute Vintage
伦敦最佳复古商品店

我敢跟你保证，这家复古包鞋专卖店真的很知名，在英国著名零售业杂志《零售周刊》(*Retail Week*)所列出的"一百间必访商店排行榜"（100 Shop You Must Visit）中榜上有名，入选的理由是风格独特且能提供多种优质的 80 年代复古鞋。它除了在发源地英国非常有人气之外，也一路红到日本去，曾多次登上世界顶尖时尚杂志，例如：*Vouge Nippon*、*Vouge UK*、*ELLE London*、*The Face* 等。这家店也深受许多大明星喜爱，而且在 2008 年被英国杂志 *Instyle Magazine* 评选为伦敦最佳复古商品店（The Best Vintage Shop in London）。

假如我不知道 Absolute Vintage 非常受欢迎，然后有一天刚好路过这里，看到她散发浓浓复古风的橱窗，我还是会身不由己地被吸引进去的。

English pie

123

橱窗内陈列的复古商品都很有时尚感，平常店家会在固定时间推出新商品，橱窗也跟着更换陈列方式；有时会使用假人模特儿来展示，有时只单独陈列推荐商品，无论如何都能展现出橱窗的主题风格和独特魅力。店内以30至80年代商品为主，随意摆放着许多很经典的古董包和复古鞋。地面上就摆着100双以上的鞋子，架上的包包数量也差不多。这家店的东西实在是太多了，可能得花很多时间慢慢看，才能找到自己想要的。

　　Absolute Vintage 最著名的是鞋子，来自于世界各国的高跟鞋、低跟鞋、平底鞋、长筒靴和短筒靴，让我看得眼花缭乱，而且一直听到那些复古鞋低声地对我说："快穿穿看，一定很适合你！"结果我在店里不停地试穿鞋子。

Absolute Vintage 共由5栋建筑物构成，外观是明亮的白色，才不会比商品更抢眼。只有一个大门可以出入，店里还站着一位高大的黑人用锐利的眼神监视着，可能是怕小偷伴装顾客进店偷东西吧！若不过瘾，还想继续逛复古商品店，就请到位于柴郡街（Cheshire Street）的 Beyond Retro。
一踏进 Beyond Retro，就被人山人海的人潮吓到了，大家都很认真地在挑选衣服。店内商品比 Absolute Vintage 更有个性，复古味也更浓，且充满美式休闲风格。不过，这里应该叫作复古仓库才对，因为橱柜顶及架上都挤着各式各样的服装和饰品，连地上也有好多货。
我觉得它们很可怜，好像快不能呼吸了！这家店曾在2008年被英国著名杂志 Time Out 评选为最佳复古商品店（The Best Vintage Store）。

Absolute Vintage:
15 Hanbury St, Spitalfields—E1

@work
独创饰品和设计师的创作姿态都好有魅力

形形色色的饰品都在这里集合啰！

伦敦的布里克巷（Brick Lane）里大小饰品专卖店林立，其中我最喜欢的就是这家。小小的店里气氛温馨又可爱，大柜台后面好像是一个迷你工作坊，桌上乱七八糟地放着手工饰品材料、道具和许多盒子，看来设计师们不是忙着设计与制造饰品，就是忙着做实验，创作出令人惊艳的新作品，而抽不出时间收拾这些东西。换个角度看，这样也挺有 feel 的。

一走进店里，我就看到两位美女，不确定她们是一般店员或专业饰品设计师，只见她们正专注地制作饰品。我看不清楚她们手中拿着什么东西，偷看了好几次，仍是一头雾水，我猜应该是在创作新产品或维修饰品吧！由于这家店提供开放空间给新手设计师和设计系学生，让他们可以将自己设计与制造的饰品摆在店里贩卖。每一款商品的设计都好可爱又很实用，只是小小饰品，却充满独特性及创意性，材料也挺多种的唷！最重要的是各种商品皆为限量的。虽然这是间小店，商品不是多到看不完，但我挑选戒指和耳环的时候，还是花了很多时间决定，也试戴了好久。真想改变我这种这也好那也不错的花心个性啊！看来我要多训练自己，尽可能培养好习惯了。@work 在伦敦中心的皮姆利科区 Pimlico 还有分店，并不断地扩展分店喔！

@work:
156 Brick Lane London E1 6RU

布里克巷（Brick Lane）沿途有很多值得一看的东西，我的眼睛突然亮了起来。许多年轻人卖着自己不要又可以用的东西，全都是他们用过或经手的二手货，在地上铺了一块布就直接做起生意来。营业时间总是生意兴隆，尤其是下午时段。主要是英国本地学生与从世界各地来的留学生在这里摆摊，外籍生通常是因为快毕业了，而不想烦恼怎么把一大堆东西带回家，才到这里卖掉不要的东西，不但可以赚点钱，也是一个解决问题的好方法。我们光看各个摊位主人的打扮，就能知道他们出售的商品属于哪种风格；不管是衣服、包包或鞋子，全都跟主人的穿着风格一模一样。

在人群中最突出的是一位充满奇特魅力的女生，她将头发染白，打造出非主流的朋克风。她将自己的旧衣摆在地上，优雅地坐着，神情酷酷的，一副买不买随便你的样子。很奇怪，她的摊位总是围了许多人，不晓得他们看的是东西还是美女呢？

下一个摊位的主人是亚洲女生，长得挺俏丽的，穿着打扮也很有自己的风格，因而女性顾客特别多。我看到许多漂亮的模特儿，也许是服装设计系的学生。

Bruhfield Street
通往另一个精彩市集

沿着这条小街一直向前走，就来到史彼特尔费尔兹市集（Spitalfields Market），尽管只有短短几分钟的脚程，却让我感受到浓浓的复古味。街道两侧商店、餐厅林立，令我忍不住雀跃起来，真想冲进去大吃一顿。

Verde & Company
品味西藏美食与古董

这家复古风餐厅彻底征服了我的心，进门前瞄到咖啡色的折叠大木门、露出原木底色的招牌、绿色帆布、小小的木咖啡桌，再加上装满新鲜水果、美丽花卉的柳条筐，以及店面写着"sandwiches coffee soup"的牌子，琳琅满目的古董，显示出店主人的好品位。

这家店用的材料超讲究的，橱柜里塞满了果酱、奶油、蜂蜜和咖啡，大多数的东西都来自于西藏，能够满足喜欢优质食品和绝佳口味的英国年轻人。除了内用之外，也有很多人买材料回家自己煮，不必多跑一趟超级市场了。餐厅都将新鲜、美味与健康的食材以实惠的价格提供给顾客，很快就赢得许多民众的喜爱。基本上，每天都有自制的营养三明治、咖啡、热巧克力，偶尔才有蛋糕可吃。这里只提供午餐和晚餐，而且周五必须提前打电话订位喔！

A.Gold
金牌即食食品、食材店

从 Verde & Company 出来，就来敲敲 A. Gold 的门吧！店内贩卖着各种即食食品和英国当地的食材，如肉品、奶油、牛奶及世界顶尖的葡萄酒等。全店最有名气的应该是香嫩火腿、香浓起司和乔叔叔的糖果（Uncle Joe's 糖果已有百年历史）我买了一包之后，马上把一颗糖果塞进嘴里，让它在舌尖慢慢融化。甜味渐渐弥漫，也勾起了我的儿时回忆。

S&M Cafe
英国的妈妈味

　　有谁平常就喜欢吃妈妈做的菜且对英式家常菜感兴趣呢？赶快跟着我一起去 S&M Cafe 吧！餐厅外是一个露天用餐区，天气好的时候，坐在这里用餐或泡茶聊天应该相当有异国情调。我特别喜欢这间魅力十足的餐厅，因为装潢很有品位，外观主要以灰蓝色为主，可爱的红白格子塑料桌巾和红白条纹帆布招牌也非常搭调，令整间店充满 60 年代的怀旧气氛。当我一看到外观就完全被吸引住了。餐厅菜式繁多，一定不能错过的是香肠，外表可能不太讨喜，但保证你吃得津津有味，感觉真的很像妈妈做的菜。平日早上 7 点半开始营业，周末则是 8 点开始。先来这里吃早餐，再去史彼特尔费尔兹市集（Spitalfields Market）晃晃吧！

Market Coffee House
咖啡、轻食、好时光

推荐爱好咖啡的朋友来 Market Coffee House 轻松享受优质的咖啡与美食,点一份超级美味的三明治配上香浓的热咖啡,保证你回味无穷。咖啡馆还提供早餐和午餐,但分量较小,饿到极点的人绝对吃不饱。每逢周末、假日就几乎客满,太晚去就不容易有位子,所以这里用 Table Sharing 的方式来解决座位问题,客人想坐多久都可以,只要和其他人共桌即可。

Cheshire Street
好女孩必访的商店街

如果说布拉许费尔德街(Bruhfield Street)是一条拥有各式特色美食的街道,那么柴郡街(Cheshire Street)就是女生的购物天堂,也是我最喜欢的地方之一。尽管是条小小街道,但两侧遍布着许多可爱的商店,五花八门的手工艺品及进口特色商品都集中在这里。光看橱窗就知道店内的商品有多丰富。我带着微笑走进店门,相信每个女生看到了,都会迷上那些可爱的小物,而高兴得尖叫呢!

Labour & Wait
众多媒体推荐的名店

这家是许多旅游书和旅游网站都推荐过的小商店,我本身很喜欢看旅游书,自行规划行程,再来当然就是亲自体验,实现个人的旅游梦想了。光看书上的照片就觉得好可爱,今天终于来到这里了,心里有种想要大声欢呼的感觉。可能因为这里是名气响亮的家居饰品专卖店,所以店里人山人海。我也觉得这里真的棒透了,复古风的家庭用品及家居饰品爱好者一定比我更兴奋。整间店摆放的东西都是高质量的,设计简约又非常丰富可爱,强调实用功能又能兼顾外形美观。不管走到哪个角落,都会看到很想买回家的东西。

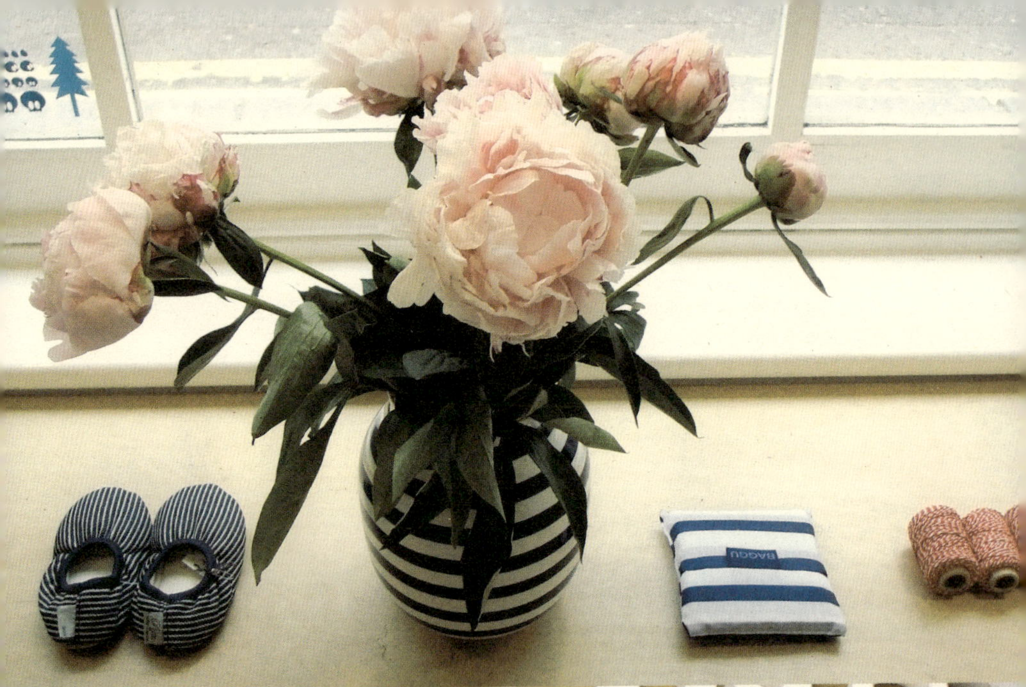
BAGGU
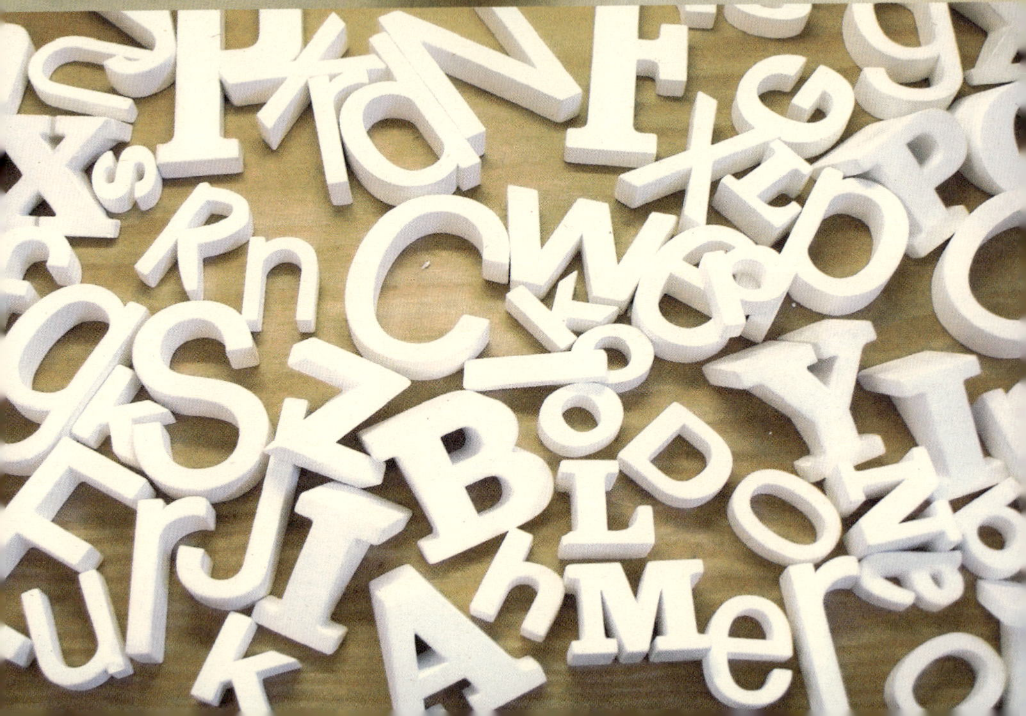

店内的所有商品都分类清楚地呈现在架上。有个架子摆满了各式餐具、厨具，大部分炒锅、煮锅都是瓷器，每一款都是甜蜜满分的糖果色，最好买一个配得上锅子的木勺，才算是完整的组合。另一个角落展示着种花器具，一层层的架子上摆满了小小的咖啡色纸包，纸包里装着各种花果植物的种子。这里一应俱全，不论是花盆、树盆或传统的浇水器都能在这里找到。除了有一般百货公司买不到的黄铜刷之外，最特别的是楼上卖文具的专柜还可以找到黑木铅笔及德国老牌色彩铅笔等。由于商品属于不同年代，我为了了解它们的来源，就慢慢地逛，仔细欣赏整家店的物品，甚至忘记店外现在是哪个年代呢！

目前这家店已搬至红教堂街（Redchurch Street）85号，离原本的地方很近，走路就可以到喔！

我第二次光顾这间餐厅时，就发现她变了模样，为了迎接冬季，特别换了外观颜色，从甜美的灰蓝色变成酷酷的黑色了。

Shelf
令人爱不释手的英式杂货

在这条街上，这是我最爱的另一家小店。这家店的商品与日本zakka相似，但仍保留英式杂货的特色。店内商品种类繁多，例如：欧洲与亚洲设计师品牌饰品、日常生活用品、文具组、邮票、麻绳、可爱的卡通人物商品，以及为了取悦孩子而做的木制娃娃和木制动物，包括马、羊、牛、鸭、贵宾犬等，并全都装在纸袋里。买给小朋友，孩子们一定会期待袋子里装着哪些动物，并迫不及待地拆开，看看到底是什么东西，趣味性十足喔！

这家最有名的产品就是纯白色26个英文字母壁贴，全都是陶瓷制的，也是模仿50年代流行的家居饰品，可以用于装饰室内外墙壁，把那些可爱字母拼成名字、门牌号码，或拼成有意义的字词、问候语。当客人来访时，看到那些亲切又热情的问候语，一定忍不住露出笑容。木桌上随意地放着所有数字和大小写字母，而且每位进门的客人可以任意拍照。拍完照之后，可以先用计算机修改照片、打上一些文字，并强调重要文字的设计；再把它打印出来制成卡片或明信片，保证这张卡片会无敌可爱，收到的人也会很感动。另外，我也从店内装潢和产品设计上获取了不少创作灵感呢！

Tottenham Court Rd.

汇集家具街、韩国街、书店街、电器街的一站

由于迷路的关系，我不知道自己怎么会站在辜季街（Goodge Street）地铁站，我已经迷失方向了。我本来计划去伦敦著名的书店街查令十字路（Charing Cross Road），不过，从车站走出来后，远远地看到家具连锁店 Habitat，我突然很想去看看她的故乡，马上决定暂停原先的计划。店家占地宽广，爱玩爱逛的我现在兴奋得心跳加速！看来进去晃一圈就舍不得出来了。隔壁也是规模一样大的家具专卖店 Heal's，店内集合了众多知名现代设计师的作品。这两家店的商品相同，一直以来就竞争激烈。这让顾客有更多的选择，不喜欢哪家店，就到另一家去了解一下，或许可以省下不少费用呢！

此外，这条街还有大大小小的家居饰品店、家具店、灯具店、餐具专卖店等，每家店的橱窗也很引人注目。走了两三段路还是会遇到家具店。噢！脑中忽然像冒出一个小灯似的，这肯定是伦敦最著名的家具街，才有那么多为喜欢装饰家里的人开的商店。哇！我好像被马莎·史都华的灵魂附身，不知不觉地走进各家商店里了。

第一个目的地就是位于商店街（Store Street）十字路口的 next Home，她旗下有个服装品牌叫作 next，好像是在告诉大家既然买衣服装扮自己了，也要装饰家里喔！从外观看来，建筑物是由 5 栋以上的房子构成。商品应有尽有，从天花板到地板，从墙面到壁饰，只要是属于家庭的饰品或用品，都能在这里找到。最特别的是墙面乳胶漆的颜色可营造出温馨可爱的氛围，给人甜而不腻的感觉，与 next 服饰的设计理念一样。每种颜色都像加了点灰色而变得更加柔和的样子。接下来，就来到伦敦知名文具连锁店 Paperchase，这家店已经有超过 100 家分店，店面较大，共有 3 层楼，卖着信纸、卡片、笔记本和礼品包装纸等商品。

Tottenham Court 托特纳姆法院站

Paperchase 每年都会依照不同的主题设计产品，虽然风格通常没有日本产品可爱，但我也深深爱上这里充满英式风格的一切。伦敦还有许多著名文具专卖店，如：WH Smith 及 Ryman，商品比较偏向办公室用品。

　　走到底就会看到老牌家饰店 Cargo，为喜欢装饰家里的人提供高质量且平价的家居商品。还逛不过瘾的话，就走过玄尼斯街（Chenies Street）这条小街到 Lambok 家具店。该店以木制家具为主要商品，设计强调自然材料与人工材料的有机结合，简单的设计营造出优雅风格，特别喜欢这类家具的人可随时来看看，或来此累积更多的设计元素。这家店的旁边也是超大的家具家饰专卖店 The Pier，不过我没有进去，因为想多花点时间逛附近的另一家店。拜托大家别恨我呀～这样吧！去过的人再跟我分享一下啰！

　　历史悠久、享有盛名的家饰用品店 Heal's 就是我忽略 The Pier 的原因，Heal's 的第一家旗舰店于 1810 年在伦敦开张，200 年前仅以床架为主要产品，后来慢慢增加枕头套、棉被及其他家居用品。一直以来，Heal's 的商品都深受大众喜爱。第四代接班人 Ambrose Heal（现在年纪差不多可以当我们的阿公了）毕业于伦敦著名的设计学院。他接手家庭企业且经营得有声有色，并设计出符合时代需求的产品，摆脱过去老旧落伍的设计，从本来的"old English"风格转变成时尚风格，也缔造出十分出色的销售业绩。

这家店的特色在于优秀的橱窗设计，透过橱窗布置来讲述品牌故事，总能吸引顾客的目光，引起购买欲。再加上店内好像一间分了很多房间的大房子，每间房间的装饰和布置也模拟实际情况，除了展示商品外，还为顾客提供装饰灵感，或让顾客知道如何把家里装饰得更温馨幸福，大家更想把产品买回去摆在自己家里！各式各样、大大小小的家居饰品及用品塞满了各个角落，产品的风格比较偏现代风，可以用很久且不容易落伍，不必常常更换。由于商品种类繁多，选择性高，来到这里就能买到装饰家里每间房间的用品，不用再去别的地方找了。

在店里还能找到许多知名设计师的经典作品，例如：Philippe Starck、Matthew Hilton 等，打造出 Heal's 的特色。

逛了好多家具店，我累到懒得动了，想找个地方坐下来休息一下，刚好就看到一间位于 Heal's 和 Habitat 中间的咖啡馆。

Peyton and Byrne
华丽包装下的酸甜美味

饮料和蛋糕上桌啰！这间咖啡馆位于两家大型家具店中间，店面也比较小。不过，糖果色的杯子蛋糕及华丽缤纷的包装，在黑色的 Habitat 和白色的 Heal's 中间显得特别醒目，成功地吸引我进去排队。我点了甜滋滋的杯子蛋糕、柠檬塔，外表虽然很简单，但吃得到蛋糕的绵密口感及柠檬塔的酸甜，推荐！

你是不是也像我一样，吃完甜的又想吃咸的？在 Heal's 一楼有间 Meals 餐厅，可以到那里吃点东西补充体力再继续逛街。整间餐厅充满温馨可爱的气氛，椅子还是甜甜的粉红色呢！我很喜欢室内木板装饰的墙壁，运用木板做成一片树林和几朵云，令人感到十分舒适。而且菜式繁多，一定能满足每个人的口味。

接下来是英国著名家具连锁店 Habitat，这个品牌在世界各国都很有名，分店遍布全球 75 国。伦敦的 Habitat 与 Heal's 一样大，商品琳琅满目，全可自由挑选。各种家具和饰品的陈列方式也非常有趣，让人不禁想象起商品摆在自己家里的感觉；看到了很喜欢的桌子时，也容易联想到搭配什么样的椅子才好看。Habitat 现代简约的设计风格可营造出时尚气息，又不失温馨感，将美丽与实用的功能性设计家具带入日常生活之中。

请不要以为这条街已经没有其他家具店了，因为还有很多，而且都是专卖家具的商店，例如：沙发专卖店 Highly Sprung；床组专卖店 Dreams plc，以优质的床架和床垫为主打商品；卧房家具店 Hammonds，提供寝具系列等。走进这些店里，要小心突发状况打破原有计划，如一直打呵欠、想睡觉，甚至躺在床上不知不觉睡着了。

在托特纳姆法院路（Tottenham Court Road）地铁站附近，有一条小街叫圣吉尔（St. Giles），整条街全是韩国餐馆、韩国食品商店、面包店、理发店等，充满浓浓的韩风。另外，这条街是伦敦著名的电器街，从地铁站出来就会看到大街两侧遍布电器店、计算机店及数字相机专卖店。如果还有体力，可以一直沿街逛到下一个地铁站——华伦街（Warren Street）。这附近的小商店实在太多，要花很多时间才走得完，全家人或情侣手牵手一起逛都非常棒。

查令十字街（Charing Cross）不愧是伦敦著名的书店街，不管是新书、旧书或二手书在这里都找得到。有些书店专卖设计书，并挪出一块小空间作画廊展示及小型活动等多元用途。许多旧书专卖店的橱窗陈列也令人惊艳。

EAT.
简单爽快的设计 & 新鲜优质的美味

你吃饭了吗?
一起去 EAT. 找东西吃吧!
通常一提到购买方便、能填饱肚子的食物，很多人都会想到快餐店，而伦敦人则会想到三明治店。因为在伦敦没走几步就有一家三明治店，是一种既便宜又方便的食品。

这家英国三明治连锁店，店面玻璃开宗明义写着大大的三个英文字母"EAT."，清楚而显眼，这样的设计能将讯息准确传达给消费者。还有各种食品包装上写着"Hot Drink、Soup、Salad"等，后面再加个"EAT."。这种设计真是一举两得，一方面可以表达"吃"某种食品的意思，同时也指出店家的名字，我心里也想着"大家一起来 eat（喝）① EAT. 的浓汤吧！"我习惯吃早餐，所以几乎每天都来这里报到（只能吃一点点，因为肚子还没准备好）。一走进店门，就立刻到食品玻璃柜挑选美味沙拉和三明治（每周会有不同的特别口味轮流登场），跟哪个看对眼，当下就互相认识，哈哈哈哈哈，一切都看缘分啰！

---

① 英语和泰语习惯说"吃汤（eat soup）"。

若没有找到彼此,那只好老样子——吃培根三明治(Bacon Butty)。在柜台点餐结账后,店员马上帮我准备餐点。为了配合EAT.的经营理念,这间三明治连锁店坚持以新鲜材料制作,现点现做。让顾客可以吃到质量最好、最新鲜又美味的食物,像是自己在家里做的一样。我的培根三明治虽然看起来很普通,就是培根夹在香松面包里,可是奇怪了,一入口就能让我昏昏欲睡的脑袋清醒过来,肚子也发出咕噜咕噜的叫声。口渴的话,可以喝些酸酸甜甜的果汁,店里有多种品牌、多种口味的果汁供消费者选择。我觉得EAT.不只挑选好喝的果汁来贩卖,还特别选漂亮包装的呢!五颜六色的果汁都整整齐齐地摆在架上,每一款都让人垂涎,让我很想把每个品牌的果汁都喝一遍。喝点热咖啡、热巧克力也不错,热乎乎的饮料总是能让身体热起来!

> 吃素的朋友也欢迎到EAT.用餐,因为店里提供各式各样的素肉,三明治和沙拉等丰盛的素食餐点,让你能跟爱吃肉的朋友一起eat美食,轻松享受美食带来的快乐。

除了EAT.之外,还有一家知名的三明治连锁店Pret A Manager。这家店历史悠久,全国的分店比EAT.更多。在同一条巷子就有两家分店,一家是红色,另一家是偏暖色调的大地色。分店多到夸张,但餐点的质量非常好,全部采用新鲜材料制作,绝无添加防腐剂,卖剩的餐点也不会冰到隔天继续卖。所有食品都是当天在后面的厨房现做的,要是卖不完,剩下的就捐给游民。至于午餐,由于正当消化效率很好的时段,所以要吃得饱、吃得好且方便快速,Pret自然是最好的选择之一。

店名Pret A Manager源自于法文,意思是ready to eat,模仿一部老电影Prêt-à-Porter(中文片名为《云裳风暴》),就是ready to wear的意思。

Islington

伊斯林顿，复古与流行并存的北伦敦时尚区

常常听到别人说英国天气变化无常，刚才还是艳阳高照，转眼就下起倾盆大雨了。这样多变的天气确实很折腾人，我今天才真正遇到类似的经验，一天内犹如经历三个季节，而且是我第一次在伦敦遇到下雨。

　　当时，我在前往北伦敦潮流热区伊斯林顿（Islington）的途中，雨下个不停，却不能阻止我的脚步。从地铁天使站（Angel）出来，一步步前往袄迫街（Upper Street），也就是这一区的主要街道。街上不是很热闹也不是很安静，可能是因为下雨的关系，游客及观光客还不多。这条商店街的两边又有许多小巷子，有很多餐厅及小商店藏身其中喔！天空灰蒙蒙一片，下着毛毛细雨，有点寂寞又有点浪漫，真使我陶醉其中，很想有一个人陪我雨中漫步，大手牵小手到处逛逛。醒醒吧！该回到现实了，现在只能用双手交换撑伞，暂时把它当伴侣了。

Upper Street
热闹商街上享受闲静的缓慢时光

袄迫街（Upper Street）位于时尚的伊斯林顿区（Islington），这条街上遍布中型百货公司、购物中心、服饰店、唱片行、家居用品、便利商店、酒吧和餐厅等。你可以沿街散步观察在两侧闲坐的陌生人，欣赏繁华热闹的街景，或再找一家店享受轻松、亲切的服务，享受缓慢时光，而我则喜欢随意逛逛周边的巷弄。

在狭窄的伊斯林顿大街（Islington High Street）中，有一个古董市集叫作"肯顿市场"（Camden Passage）。虽然这里的风貌看起来跟伦敦其他古董市集类似，却让我觉得妙不可言！一走进来，就觉得跟菜市场的气氛超像的，简单的摆饰、轻松的气氛和亲切待客的态度是它独特的魅力，整条巷子让人感觉可爱温馨。每个摊位上摆的东西大多是老板自己的，种类也是五花八门，有的是特色饰品，有的是小物百汇，都让你随便翻看。还有不少复古服饰店在路边挂着衣服卖，价格还可以接受。我认为附近的店大多小巧而雅致，唯有旁边一栋依然矗立的古老建筑 The Mall Antiques Arcade 较为不同，里面藏着琳琅满目的复古商店，令人目不暇接。若不是古董家具迷或古董收藏家，或对二手家具感兴趣，我建议在外面逛会比较有趣。

一出地铁天使站（Angel），沿着利物浦路（Liverpool Road）步行至购物区，会看到百货公司、大型商店，以及左右两侧皆为顶尖时尚的当地服饰店和进口设计师品牌的精品店，如 Sainsbury's、Marks and Spencer、Gap and Baby Gap、The N1 Center 及大型书店 Borders 等。

paul a. young
不可思议的精品巧克力

这家是超级有名的巧克力店,从紫黑色大门进去后,就会闻到迷人的巧克力香,柜台上摆满了样式繁多、口味各异的手工精品巧克力。老板 Paul A. Young 是一位才华横溢的巧克力师傅,最初是为 Sainsbury's 及 Marks and Spencer 两家百货公司制作美味的特色巧克力,以独创的新概念制作独一无二的手工巧克力。商品全选用天然食材制作,甚至会出现不可思议的食材组合,如:草本植物、水果和豆类三种口味混合。另外,随着季节转换,他也会调整制程,以创作出美味的巧克力。上市后产品大卖,从此,他就发现自己的天分,而在伦敦开了一家巧克力专卖店。店内一角也贩卖着特浓热巧克力,还可以向店员索取试吃品,例如新奇有趣的巧克力,再决定是否购买。Paul 的手工巧克力均以新鲜食材制作,每三天就会变换口味,保证新鲜、口味醇正。

Loop
数千款毛线一次看尽

在十字街（Cross Street）附近有条小巷子，里头藏着许多特色商店。我走着走着，便来到了这家毛线专卖店，在门口就可以感受到店里的温馨气氛。室内装潢以白色为主色调，搭配五彩缤纷的毛线颜色。不同质料的毛线来自世界各国，如：法国、西班牙、意大利和日本等。法国毛线最大优点在于弹性好、柔软舒适，触感很好；意大利的毛线特色则在于混着闪亮金葱。店内一整面墙都是木柜，里面全是五颜六色的毛线，粗略估计有几千款。有个角落放着类似毛线饰品的手工商品。我最爱的是以珠子串起花色毛线球的项链，呈现出小女生可爱、清新的气质。走到地下一楼，发现这里也有编织教学课程。只要一支钩针，就能运用自己的巧手与创意编出各种漂亮的作品，这里真是编织迷的天堂。

Cass Art
外刚内柔的美术用品店

从外观很难想到这是一家美术用品专卖店，这栋建筑物就跟中型仓库一样大，由几万个红砖打造而成，高高地耸立在科尔布鲁克巷（Colebrooke Row）里，怎么看都不像一间卖文具和美术用品的店啊！外观看起来稳固刚硬，踏进店门，感觉又大不相同了。由于天花板设计得比较高，中间并没有任何东西或柜架高于人头，初次来到这里的人一定左看右看，不知该走哪个方向。

后来我走到最里面的一个角落，先从那里开始逛。每面墙的架子分层放置各式各样的商品，四周整整齐齐地摆满了油画颜料、喷罐、画笔、画刷、框架及各类美术用纸等，中间的走道还有许多其他工具供顾客选择。

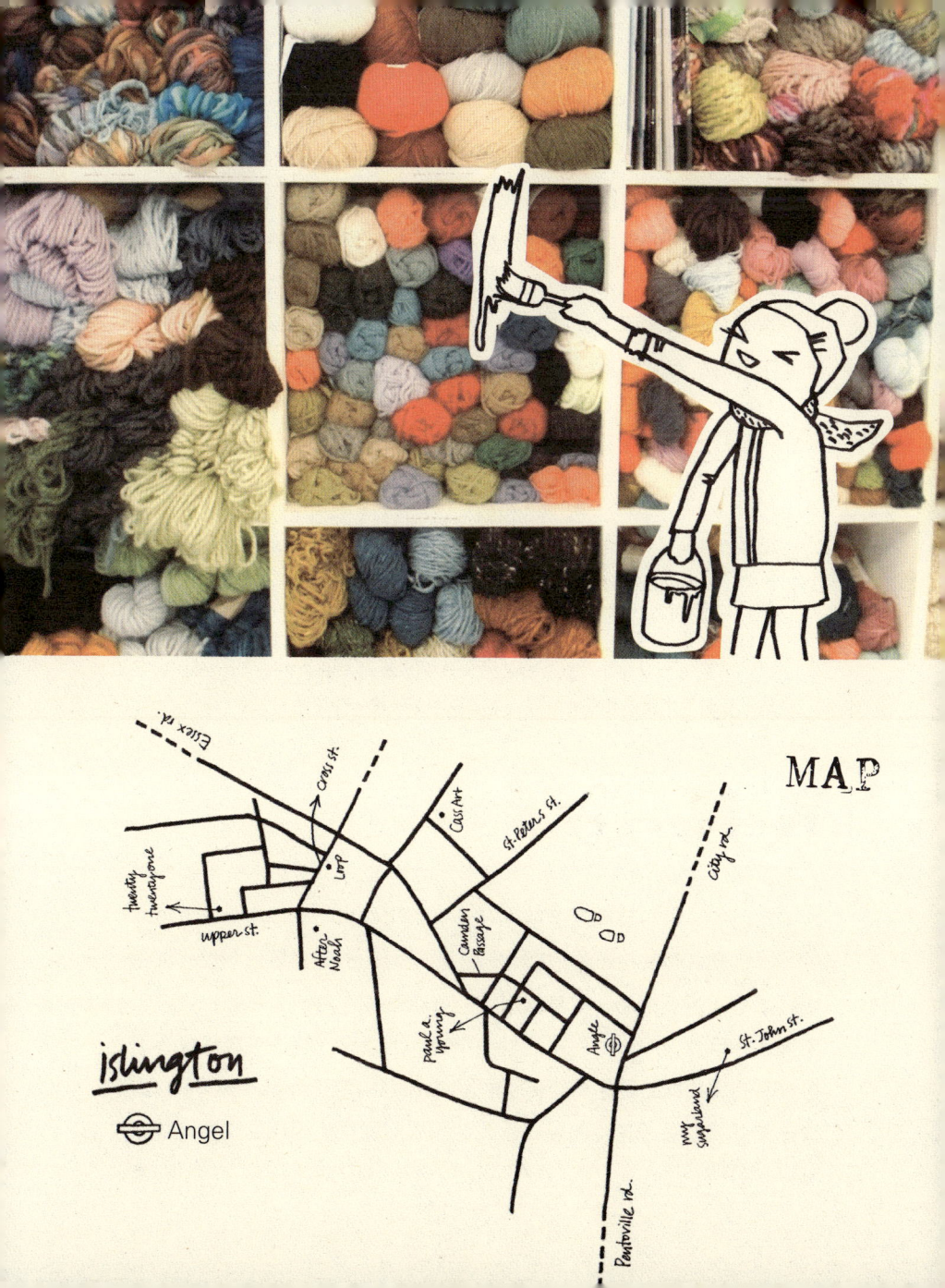

MAP

islington

Angel

店里的空间有限，我没想到这么多商品都能陈列得井井有条，真让人佩服。站在中间就可以很清楚地看到整家店的东西，我实在太兴奋了，只好低声跟自己说："别急别急！不管这里有多少商品，我都会全部看完。"

这家是伦敦市区最大的分店，共有三层楼。墙上贴着许多颜色的英文字，形成极富创意的壁纸。门上或墙上也写着一些很有意义的短语，主要是为了鼓励来店里买画材的艺术家，能从生活中获取创作动力和灵感。

> 下楼的时候，可以看到店的全景。站在楼梯上，只要用眼睛一扫，就能知道想要的东西在哪里，很快就找到自己喜欢的样式。经过一段时间的观察，我发现几乎每个进门的顾客都会往楼梯拍照留念，上网查询照片，大部分也是在同一个地点、同样角度拍的照片。我才不想错过这个机会呢！当然，也顺便拍了一张，都是因为画刷、颜料及周遭环境太有feel了啦！让我禁不住想拍照的心情，学人家拍了一模一样的照片。

After Noah
爷爷古董店里怀想童年时光

这是一间从90年代开始营业至今的古董店，感觉好像来到爷爷奶奶家似的。店内装潢就像客厅和爷爷的工作室一样，墙壁挂着很大的世界地图，但它可不是一般地图，而是很珍贵的古董地图喔！层架上摆了精美的装饰品、家具、服装、服饰配件，每一个角落都让人舍不得移开目光，而我最喜欢的是小小饰品展示区，有许多模仿世界著名食品品牌的饰品装在小购物篮里，例如：品客（Pringles）洋芋片、迷你鹅肝酱罐头、花生酱等，让我想到小时候跟姐姐玩的购物游戏，超怀念的！

Farrow & Ball
盖着徽章的油漆罐？

　　这是英国最古老的涂料和壁纸专卖店，刚好位于袄迫街（Upper Street）的街角，店里走古典华丽的风格。室外是深绿色调，室内是米白色调，傍晚时店里也不会显得太昏暗。油漆喷罐摆满了一面墙，后面的墙上有着多种颜色、不同等级的油漆可供顾客选择。旁边还有一些高级复古风壁纸及经典简约风的壁纸。我非常喜欢这里的油漆罐，看起来真的像是来自古代的罐子，罐子上盖的商标 F&B 也好像古老贵族的徽章，而且尺寸刚刚好，一只手就可以轻松提起，很适合女生买回去 DIY 呢！

twentytwentyone
画廊般的高雅家具店

　　将看似幸运数字的 twentytwentyone 解码后可知，设计师的灵感来自于不同年代，将 20 世纪至 21 世纪的复古经典，重新注入现代与时尚的元素，复古风与现代时尚潮流的完美结合，令每款家具都带有独特风格。店里的优质家具主要来自欧洲和美国，因此家具设计充满了欧洲贵族风及美国经典怀旧风，高雅而富品味。最特别的是斯堪地纳维亚式的椅子，椅子设计强调灵活性，符合人体工学原理且外表美丽无敌，一定能够满足爱椅子的顾客。有些家具是设计师花了许多时间和心血完成的，所以店员会热情地介绍作品的灵感来源和设计理念，让我感觉仿佛来到画廊一样。

thumbs up!

what's 2021?

Marylebone High St.

马理波恩大街，优点就是 "high"

www.skandium.com

好喜欢喔！

有人说这里原本只是一条安静的小街，人人沿着这条街前往牛津街（Oxford Street），后来却聚集了许多时髦的商店，慢慢地热闹了起来。新开的商店和原有的商店遍布整条街，真不愧是所谓的"high"街。

🚇 Oxford Street 牛津街站

Ottawa
Dublin
London
Berlin
Europe
Caspian Sea
Mediterranean Sea
Atlantic Ocean
Prime Meridian
Sahara
Nile
Africa
Pakistan
Asia
Islamabad
Delhi
Bangkok
Philippines
Indonesia
South Africa
Cape Town

Conran Shop
打造时髦的家

　　这是这条街第一家家具家饰专卖店，从 90 年代开始营业至今，为该品牌在伦敦的第二家分店。商品大多是流行家居饰品，整体风格走现代简约风，很容易与其他家具搭配。橱窗也会随着季节变化和新品上市不断更换，商品摆设得十分得体，让我很想买回去摆在自己家里，看看它是否能融入我家呢！但真正吸引我的注意力的却是保养品和香水专卖区，店内有一个角落卖着许多不同品牌的保养品，而且种类繁多，可以不受打扰地慢慢挑、慢慢试。包装最显眼的应该是天然护肤品牌 this work，采用天然原料制成，让肌肤能享受自然的滋润，用于脸部会散发出淡淡的清香，让人心情愉悦。除了优秀的产品外，各种包装设计更是让我看得超 high 的！this work 的包装只单纯采用文字设计（typography），直接将品牌名称印在四方瓶上。这种设计简单又干净，而且主题明确，难怪会受到大众欢迎。

　　儿童玩具专卖柜台也是能让我目光停留很久的地方，有很多可爱的玩具，既好玩、功能多多，又有益儿童的发展，甚至为拥有童心的成人带来快乐时光，我手上也一直拿着玩具，不肯放下哩！差点忘了说，三楼有露天咖啡馆，景观优美，餐点也蛮可口的。

Rococo Chocolates
巧克力迷心中的圣殿

　　在英国有很多手工巧克力的小店，可是这家顶级巧克力店在巧克力迷的心中占有崇高地位，所以，巧克力迷来到马理波恩（Marylebone），一定不能错过喔！店内卖着传统英国巧克力，老板娘以前是一名布料设计师，后来想转换跑道，因而全心建立自己的巧克力品牌。我不知不觉地迷上了这里的巧克力，细致绵密的口感真让人惊艳，入口后又香又滑，且层次感很丰富。一颗颗迷人的巧克力摆在玻璃柜里，光看就赏心悦目；有很多种口味可选：正常、稍苦、特苦基本三种口味，还有水果口味和香槟酒口味的巧克力馅，看起来都充满了诱惑力！包装上的图案大概是商品最吸引我的理由之一，设计风格像店名"Rococo"一样优雅。店员也非常热情贴心，每次把巧克力装在盒子里都会戴着食品专用手套（可能是因为手有咸咸的汗味，会使巧克力味道变咸吧）。买的时候，型男店员就问我："需要哪种颜色的缎带呢？"整体感觉真的很让人印象深刻。

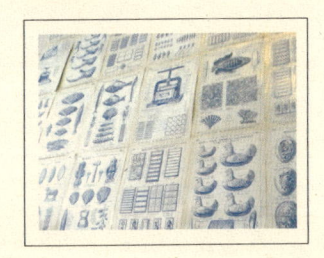

> 每次遇到又帅又贴心的店员帮客人把商品包得漂漂亮亮的，我一定会给他加分。因为这表示他们非常用心地完成自己的工作，而且他拿东西给我的时候，那表情好像是在对巧克力说："这是我们这辈子最后一次见面了，你离开这里以后要来喔！别让客人烦恼，那我就亲手把你送给他啰！"

skandium = scandinavia

Skandium
有设计感又实用的家具

斯堪的恩……斯堪的纳维亚，答对了！这间店卖的正是斯堪的纳维亚风的家具和家饰品。这边的家具超酷的，简单利落，绝不退流行，更强调实用性。在里面悠闲地逛来逛去，心情也变得轻盈起来了！感觉像是参观产品设计展一般，激发了我不少的创作灵感，还能顺便跟Marimekko[1]阿姨打个招呼。

emmabridgewater
用色大胆的餐具

这间家居用品专卖店的产品特色在于色彩缤纷瑰丽、图案大胆鲜明，不管是美耐皿餐具或陶瓷餐具都充满时尚设计感，很适合用于各类大型活动及派对。

Daunt Book
图书馆般的古典书店

这家连锁书店装潢得精致豪华，藏书量多到宛如一座小型图书馆，深咖啡色的木质地板和老旧的书架让我感觉仿佛穿越时空回到古代。我好喜欢店内宁静的气氛，吸引我坐下看书。书架上塞满了各类书籍，而且这些书都来自世界各地，比如：旅游书、小说、短篇故事、儿童故事和儿童文学等，不妨买一本书放在包包里，带着它去旅行，在这里也能找到实用的旅游书喔！保证你会跟我一样爱上这间超有魅力的书店。

---

[1] 芬兰最知名的设计品牌。

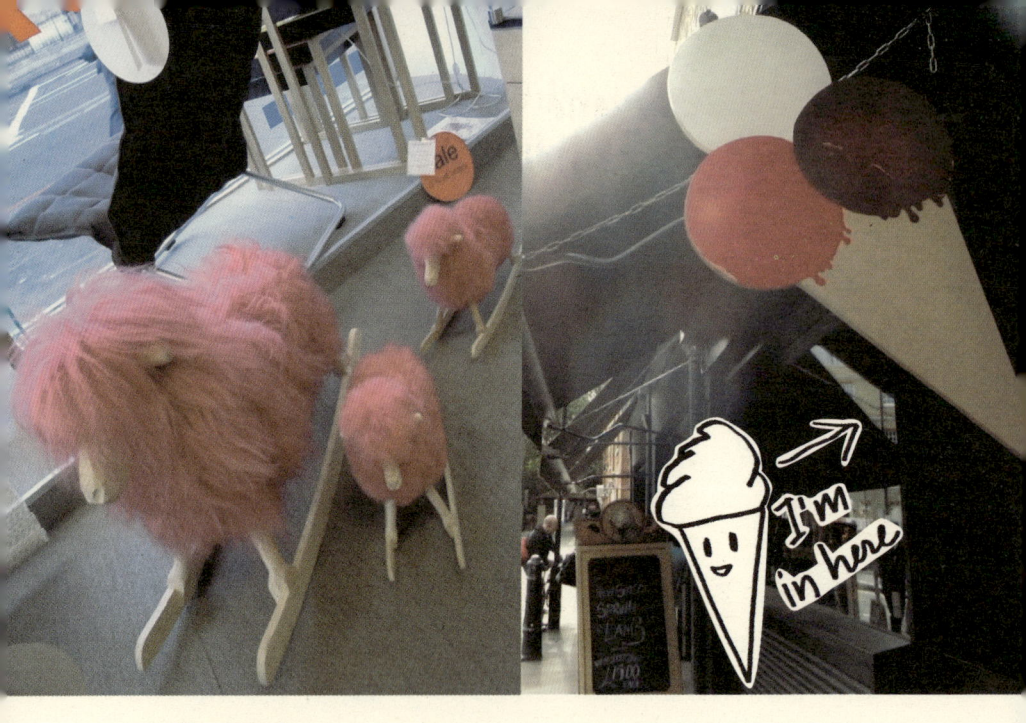

La Fromagerie
被百余款吉士和手工冰淇淋召唤而来

  我差一点就错过这家店，而失去认识它的机会。要不是那超大的冰淇淋招牌，加上有人大喊："La Fromagerie 在这里"，我还真不知道马理波恩街（Marylebone）有小型超市。这家超市大约有三栋楼的规模（我是凭外观说的），商品包括多种美味新鲜的食材、有机食品和冷冻食品，全都来自于法国、意大利、英国。还有一个专卖区叫 Patricia Michelson（取自起司店老板的名字），摆了百余款来自全世界最新鲜、美味的起司，因此这里总是挤满了人潮。有家咖啡馆藏身在店里的一个小角落，让客人可以轻松享受香醇咖啡及美味的手工冰淇淋，虽然它处在不起眼的小地方，但我还是能靠美食雷达找到的啦！

The White Company
就是对白色偏执

如果你最喜欢的颜色是白色，一定会喜欢这家店，因为店名就叫白色工厂，所有商品也都是白色的。一开始他们只在网络上销售、营销自家的商品，后来生意兴隆，就干脆在伦敦开了门市。公司主要经营家居类产品，主要有卧室家具、浴室用品、衣物等。

至今产品大多还是白色，但为了给顾客更多样化的选择，已增加其他颜色，如海军风的深蓝色，也是一种能呈现出高质感的色彩。

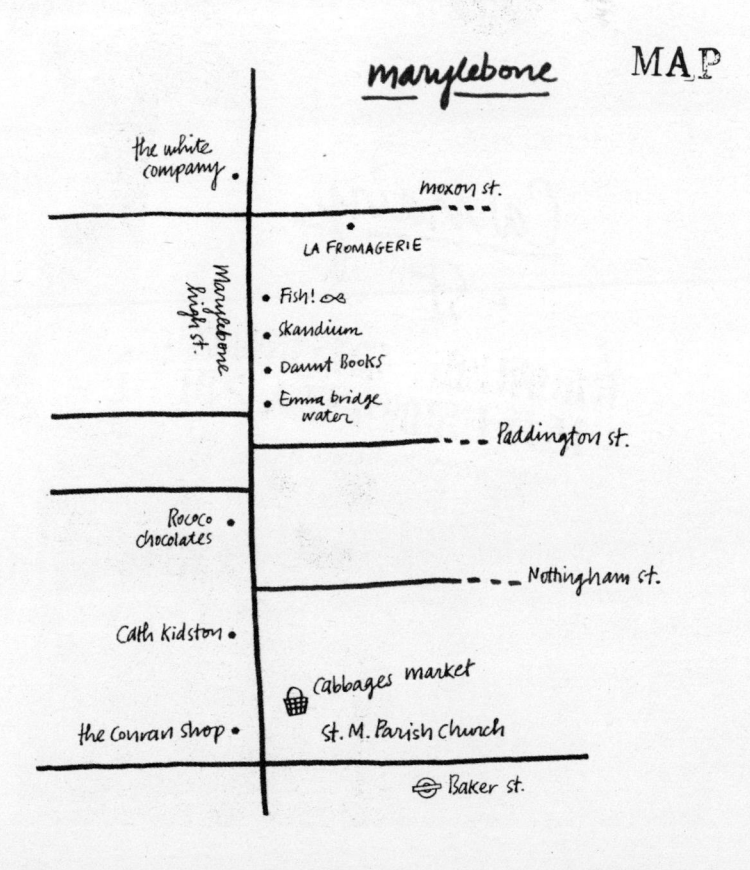

marylebone MAP

- the white company
- moxon st.
- LA FROMAGERIE
- Marylebone high st.
- Fish!
- Skandium
- Daunt Books
- Emma bridgewater
- Paddington st.
- Rococo chocolates
- Nottingham st.
- Cath Kidston
- Cabbages market
- the Conran shop
- St. M. Parish Church
- Baker st.

Carnaby St.

卡尔纳比街，流行指标区、活力十足的年轻人之街

如果要选一种颜色代表诺丁丘（Notting Hill），我会选柔和的色彩，而大胆鲜明的颜色则最能够代表卡尔纳比街了（Carnaby Street）；若用年纪来比喻，这里就像是追求时尚的年轻女孩，喜欢听音乐、参加派对，天一黑就马上找乐子去。这条街不只是现代年轻人流行的指标区，从60年代就被众人称为年轻人之街了。这条街不是很长，走到尾端，也不会脚酸，而且靠近伦敦市中心的牛津街（Oxford Street）。如果还不觉得累，可以继续走到皮卡迪利广场（Piccadilly Circus）。大多数商店都以年轻人为主要销售对象，国际服饰品牌专卖店、餐馆、咖啡馆、夜店、酒吧遍布街道两侧。欢迎来这里试试看，看自己是否还保有年轻的心呢？

Kingly Court
面貌多变的购物城

　　这个购物中心共有三层楼，中央有露天咖啡馆可以坐着聊天，里面都是五花八门的小商店，例如：复古商品店、手工品专卖店、宝石店、T恤店、美容沙龙等，一直有客人进进出出，真的可以逛得很尽兴！也不断有新的商店开幕，应该是因为年轻人喜欢变化，而Kingly Court就是要满足他们的需求。

Oxford Circus 牛津广场站

Circus
任人恣意挖宝的复古商店街

　　位于购物中心二楼，专卖复古服装和饰品。店里的商品多不胜数，价格也高得吓人。商品陈列似乎有点随便，显得有点凌乱不堪，但我们也因此可以放心地随意翻看。

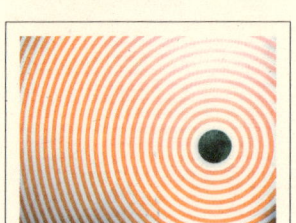

All the fun of fair
激起手作欲望的编织专卖店

　　一走进这家专卖毛线与编织工具的小商店,就看到暖暖的毛线帽和围巾,还有毛线制作的杯子蛋糕、茶杯、甜甜圈,又小又可爱,让我突然想学毛线编织!店员还热情地向我介绍各种毛线的特色及质感,更让我想提升手作能力,甚至希望有一天可以发挥自己的创意跟想象力,来完成一条属于自己的纪念围巾。

Super Superficial
T恤迷保证疯狂

　　英国和其他国家设计师的创意T恤都到这里报到了,而且买越多省越多!除了贩卖个性T恤外,偶尔还会举办T恤图案设计比赛,活动开放给一般民众参加,不限年龄、国籍,设计主题和风格也不限,很像日本的Design Tshirts Store Graniph。

Waterloo

从旅人必经的滑铁卢站,
到必去的旅游景点

地铁滑铁卢站（Waterloo）是一处四线交会的大站，包括朱比利线（Jubilee）、北线（Northen）、贝克鲁线（Bakerloo）及滑铁卢＆城市线（Waterloo & City）。在这里可以搭车到很多地方，或者直接刷卡出站，步行到附近的景点，例如：伦敦眼（London Eye）、泰晤士河（River Thames）、千禧桥（Millennium Bridge）及泰特现代美术馆（Tate Modern）。这样就能参观伦敦市区的几个著名景点，还可以顺路到下马许街（Lower Marsh）悠哉逛逛街边摊位，接着回到西敏寺（Westminster）主街（Main Street）上继续往前走，就会到伦敦另一个旅游必到之处——大笨钟（Big Ben）。

Waterloo 滑铁卢站

Radio Days
"那个年代"的好东西

　　这条街最有名的复古商店，主要贩卖 20 至 70 年代的男女服饰、家饰品、唱片、餐具、服装配件。这里跟伦敦其他百余家复古商店差不多，但店名的由来比较有趣。老板（现在已经是可以叫叔叔的年纪了）年轻的时候，看过伍迪·艾伦[①]的自传电影《那个年代》(Radio Days)，就一直印象深刻，开店后便直接拿片名来当店名了。

I Knit London
兴趣与友谊交织而成

　　可别小看它！也不要以为这是一家只卖毛线和编织工具的店，应该把它叫作"针织社"才比较恰当呢！店面不是很大，几乎每一寸空间都得到了充分的利用。

[①]伍迪·艾伦（Woody Allen）是美国电影演员、编剧、演员、作家、音乐家。

好温暖喔！

　　为了让喜欢编织的人有机会交换意见、信息，以及详细解答编织中可能遇到的各种问题，店里固定在每周三、周四晚上6点到9点举办联谊活动。

　　这家小商店的创立是由一间酒吧开始的。某天晚上，喜爱针织的老板到酒吧喝酒，碰到了一个志趣相投的人，从此两个人就保持互动，并邀请朋友一起玩编织并分享自己最得意的作品。这样的聚会起初只有十几个人，到后来已多达几十人，老板便决定干脆找个地方开店，以实现两个主要目标，一个是销售毛线与编织工具，另一个是有场地进行聚会。由于参与人数不断增加，需要更大的活动空间，他们就搬到这里来了。既有够大的场地，同时又有足够人手举办大型活动，像是他们曾举办过一场名为"I Knit Weekender"的聚会，活动包括：主题时装秀、手工毛线织品贩卖。我这才知道喜欢毛线编织的人不一定只品茶、喝果汁等高级饮料，因为这里的社员都一边喝啤酒一边聊天，真是令我小小意外！不愧是独一无二的针织社，连老板也在酒吧里思考创业计划呢！

Primrose Hill

晴朗的好日子，上缙庭山欣赏伦敦美景

今天又有人带我去玩了!

那个人就是玛丽小姐的朋友芭特[①]，今天之所以由她带团，是因为她对这里很熟。大姐说："这是很安静的住宅区。"听起来似乎隐含着别的意思，应该是我别太吵吧! Yes Sir，我知道了，我会乖乖听话的（立正敬礼）。

Chalk Farm, St. John's Wood

[①] "芭特"是泰语名字。

我们的目的地离地铁圣约翰森林站（St. John's Wood）有点距离，上坡途中有几栋房子，漂亮而安静，真的像大姐说的一样。今天天气很好，阳光普照，但是风很大，吹着我单薄的身体，像是被人推着，不自觉地向前走，有时连站都站不稳。抵达缙庭山（Primrose Hill）之后，看到绿油油的小山丘和蔚蓝的天空，两种颜色搭配起来很好看，让我感受到在郊外的舒适感。当我坐在柔软草地上的时候，心里就想这么晴好的天气很适合野餐呢！可惜我忘了带食物来。大姐指着山丘的最高点要我看，又说从那里望去，整座伦敦的美景便能尽收眼底。去年复活节，她到这里观赏一年一度的滚复活蛋比赛，伦敦人把缙庭山当作赛场，因为这里是伦敦的最高山，地理位置非常适合举行这类活动。比赛的规则很简单，参赛者要把彩色复活蛋以最快的速度滚到终点，谁最快又没有把蛋滚破谁就赢。

　　如果把缙庭山和其他大城市的公园相比，我比较喜欢这里轻松宁静的气氛。由于面积不大不小刚刚好，可以望着小山丘和天空，青青草原也让我好想把双脚塞进去，永远窝在这里。不过，我们要继续前往下一个目的地了，缙庭山路（Primrose Hill Road）还有许多地方等着我去探索呢！

　　导游大姐说那条路有很多很可爱的小店，也是最容易碰到知名歌手、艺术家、明星和艺人的地方，充满一股高贵典雅的气氛。大部分的咖啡店会把桌椅摆在外面，让大家可以欣赏路景。周六营业的店家也比较多，商品琳琅满目。

Primrose Bakery
来吃伦敦最可口的杯子蛋糕

在告士打道（Gloucester Avenue）附近的小巷子里有一间蛋糕店，谁也没想到，这么宁静的地方会有商店，而且被住在伦敦的泰国姐妹们（包括大姐、玛丽及其他朋友）誉为"伦敦最好吃的杯子蛋糕店"。

我们没花太多时间浏览菜单，一进门就点了一大堆。别只听别人说蛋糕有多美味，你得亲自来尝尝看。奥利奥（Oreo）杯子蛋糕口感十分细嫩软滑，甜而不腻。我本来不敢吃蛋糕上的奶油霜，怕它太油腻，这时却觉得怎么吃都不满足。还有巧克力、咖啡、红萝卜及粉红色玫瑰等多种口味，配上茶饮，真是极致的享受！我顺便看看店内的装潢与精美的小饰品，转头回来就发现盘子上的蛋糕已经空空如也了。

The Shop

Vintage Clothes Accessories & Te...

WEDNESDAY - SAT
11:00am - 6:00
SUNDAY
9:30am - 5:00

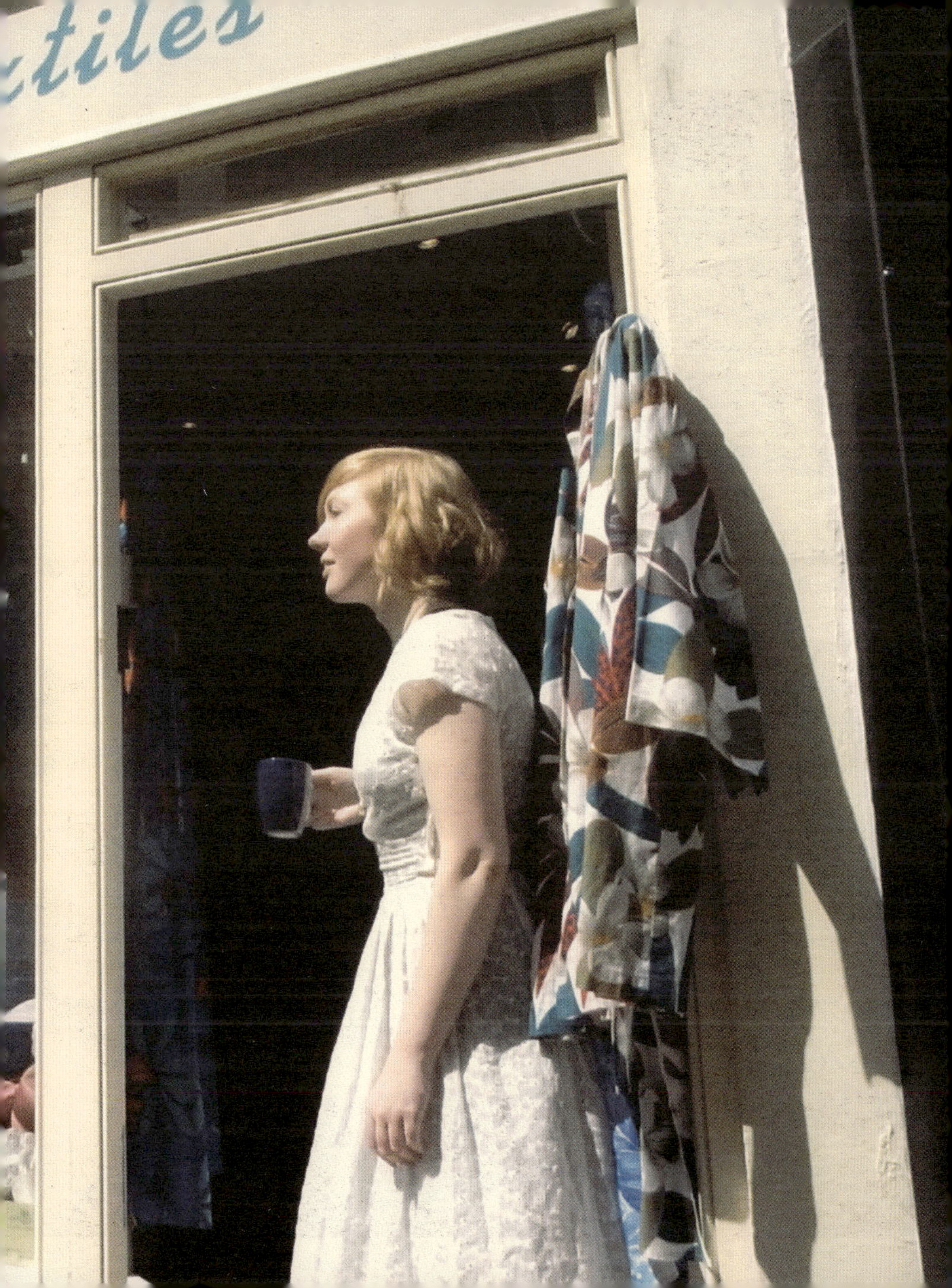
ctiles

Covent Garden

年轻人吃喝玩乐、老年人赏古董,尽在柯芬园

从地铁柯芬园站（Covent Garden）出来步行到柯芬园市场（Covent Garden Market），途中一定会看到街头艺人的表演。他们把帽子放在地上给大家投钱，很认真地完成演出。表演类型有很多种，例如：有声或无声表演、幽默表演和立正表演（定格表演）等。我们可以随着自己的喜好恣意欣赏，看完别忘了给予他们热烈的掌声！或投点钱以示鼓励，感谢他们的表演。

走到底就会看到一家中型购物中心，外表看来跟其他的差不多，不过里面包含两个市集，除了小商店区外，还有摊位区叫作"Apple Market Stalls"，大概包括15个贩卖复古小物的摊位。这家购物中心的倒店率跟开店率都蛮高的，旧的去新的来，不断变化。隔壁是伦敦最受老人家欢迎的朱比利艺术及工艺品市集（Jubilee Art and Crafts Market Hall），主要消费者就是阿公、阿嬷、阿姨、叔叔。我看到他们都忙着逛古董店，翻找自己年轻时流行过的东西，感觉好可爱啊！

Lush
颠覆你对香皂的印象

猜猜看这是什么？

平常在市面上看到的肥皂大多是方形皂，也有些是圆的或液态的，而这里的肥皂却是意想不到的样式，像是起司、果冻、蛋糕卷及无固定形状之类的，还另有护肤、化妆、护发等系列的产品。每一位店员都很优秀，令我很欣赏，他们为现场营造出一股独特的风格，看起来又潮又酷，并且能够有礼、专业地为客人服务，就连穿着打扮也十分有型，跟店的风格很搭。他们都很认真地介绍各种肥皂的功能与用途，并热心地示范哪一款可以搓出很多细密或颜色特别鲜明的泡泡。我随意拿起柜台上的一张广告传单，上头的文案相当吸引人，看了不禁会心一笑。整间店充满了鲜艳色彩与欢乐气氛，果真是个充满惊喜的肥皂小铺，总会让人不自觉猜起某块肥皂长得像是什么呢。

Size?
想要什么尺寸、品牌、款式？

你是哪个尺寸呢？别想太多了，他只是想问"你穿几号鞋？"好帮你找鞋子。

喜欢穿运动鞋的人来到这里一定乐不思蜀。任何尺寸、款式或品牌一应俱全，还可以买到某个名牌的限量产品，不来我就不叫娃娃了。店内有一个特别的杂志自动贩卖机，明亮的鲜黄色外表超显眼，卖的是知名球鞋杂志 *Sneaker Freaker*，不用我多说，你也知道这是什么样的杂志吧！

Paul Smith
黑色大盒子里的名牌服饰

伦敦有很多 Paul Smith 的专卖店，其中一家位于花卉街 (Floral Street)。若看到连续几栋黑色的建筑物，就表示你已经到了。一间接一间的店家卖着各式各样的商品，花卉街可真是一条让购物狂心花怒放的街。

Pop Boutique
波普风复古服饰店

只要是复古迷，一定知道这家店！老板一开始是从事二手服饰批发，并创立了自己的品牌叫 The Vintage Clothing Company，有一个超大的仓库及洗衣工厂，商品出口到世界各国。每一款衣服都经过洗、脱、烘、熨、烫、修补及添加流行元素等过程，使得旧衣变得焕然一新且无毒无味，让男女顾客都能够买得安心、穿得放心。后来，老板就开了这家复古服饰店，从店名可知，这里提供的正是 50 年代至 80 年代的波普风 (Pop Pop) 服饰。

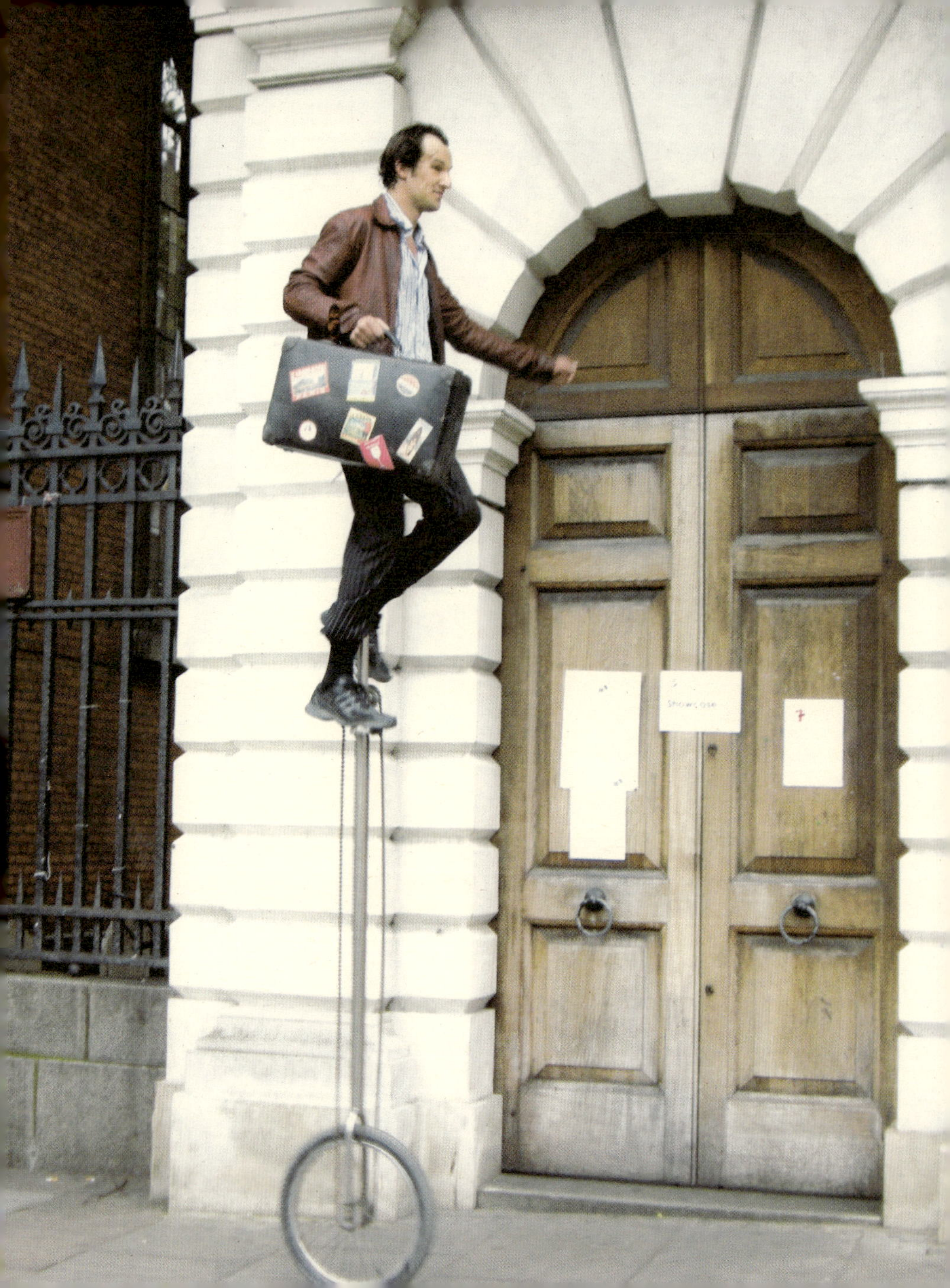

柯芬园附近有一个交叉路口，被称为"Seven Dials"，因为总共有 7 条路在这个路口交会。这几条路上都有许多别树一格的精品店、时髦的餐厅、酒店和酒吧。如果想专攻购物的话，我大力推荐尼尔街（Neal Street），狭窄的街道两旁挤满了各式各样的可爱小店，而且女生最爱的鞋店也特别多。

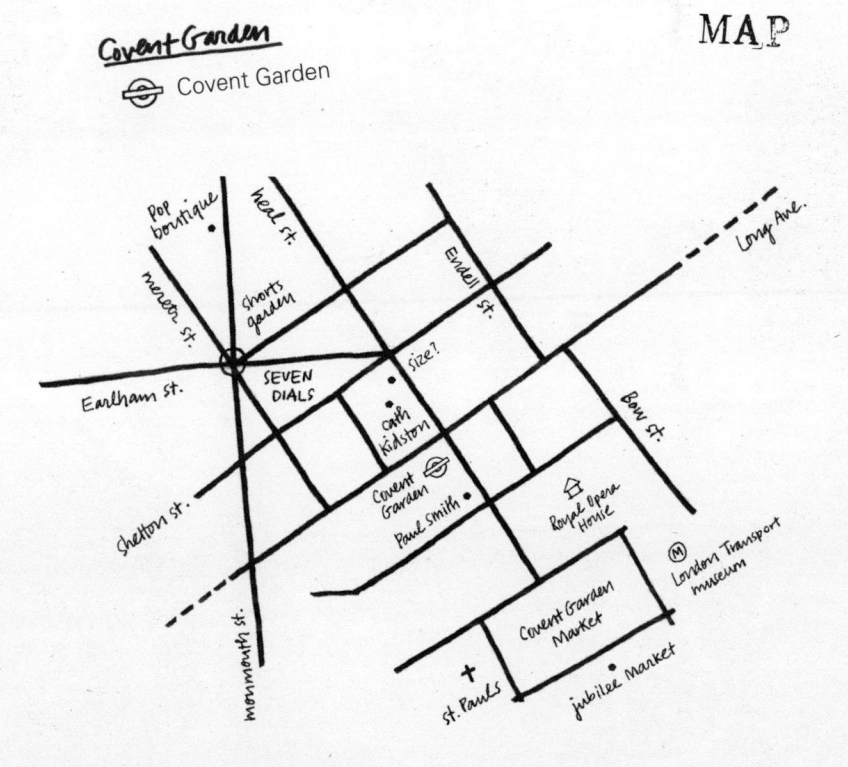

Covent Garden
Ⓣ Covent Garden

MAP

Cath Kidston

散发英式传统乡村风的
时尚品牌

Cath Kidston
是纯正的英国血统喔！

　　奇怪！我第一次认识 Cath Kidston 小姐，是在日本时尚杂志中，我还以为她是日本品牌呢！一直到我上网浏览官方网站，才知道真是大误会，其实该品牌的设计师 Cath 本身就是英国人。小碎花及红色星星是该品牌的经典图案，看起来有种甜美的复古气息，常常登上日本女性杂志和家具杂志。为了更深入认识它，我还索取商品目录来进行研究。没多久，Cath Kidston 就直接把一份目录从英国寄到我家来了。

从品牌风格来看，Cath Kidston 的复古印花很容易让人误解它是一个历史悠久的英国品牌，事实上，它是设计师和品牌创办人 Cath Kidston 于 1993 年创立的（以创始人的名字作为品牌名称）。Kidston 小姐的灵感主要来自于她对青春岁月的怀念，她设计出英国乡村的古典印花图案，再增添可爱活泼的元素及时尚感，将传统花色变身成我们今天所看到的一切。主打产品为壁纸、沙发、枕套、家居用品、餐具、化妆品、包包、文具、服装和鞋子等，产品上的印花图案散发出温馨又梦幻的复古后现代风格。不管在家里的哪个地方，卧房、厨房、浴室或院子，你都可以使用它带有浓浓怀旧风格的产品。或许你已在不知不觉中为它深深着迷了，某天醒来就发现周遭都是这个品牌的用品，摆在角落的宠物睡垫也不例外！

Cath Kidston 在伦敦有好几家分店，我们可以到伦敦各商业区找找看，其中一间位于柯芬园。店面算是挺大的，而且一整年都绽放着美丽的花海。整间店相当有生气，还有种不协调的美感。商品的陈列方式很简单，让我完全没有约束感，随意地翻看。装潢看起来也像是一般住家。从室内各个角落细微的装潢，到整体的颜色配置，还有随心摆设的小物，我吸收了不少灵感（也默默地拍了几张）。啊！难道这是 Kidston 小姐的销售策略吗？给人舒适的第一印象，然后吸引顾客进店消费。看来外表甜美的她，心思可不是一般女人比得上的呢！（无论如何，我已经有些崇拜她了）。

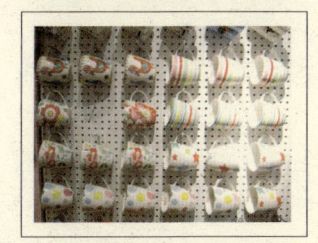

Cath Kidston

Cath Kidston 另一个特色产品就是印花防水布包包。它最吸引我的地方,除了款式多样及颜色好看之外,还有质量优良、实用性强,可以装很多东西且很耐用,能够满足女生的需要,既时尚又好用。

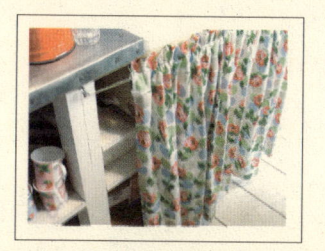

我问过日本朋友:"为什么 Cath Kidston 在日本很红?"而且主要顾客群都是主妇和OL,几乎每家分店都挤满了人,即使有两层楼,里面还是人山人海。他的答案是:"由于设计简单,具有百搭、不容易落伍的优点,复古印花图案也让她们忆起童年往事。"另外,该品牌也与日本女性流行杂志合作,消费者只要花钱买杂志就送超可爱的包包。难怪 Cath Kidston 会大受日本人欢迎了。

Greenwich

格林尼治，在时间零点校准手表、游世界遗产

一个离伦敦市中心较远的室内市场，位于一座沿海的小城市，这个地方也是游客必去的景点，因为它被联合国教科文组织（UNESCO）列为世界珍贵遗产！

　　格林尼治（Greenwich）刚好位于地球经纬度的零度线，是全球测定时间的标准，也是我们所说的格林尼治标准时间（Greenwich Time）。来到这里，大家都会马上看自己手表是否准确。反正今天不赶时间，我就沿着一条静谧的长路，慢慢地走着，从格林尼治地铁站到下一个目的地——格林尼治市场（Greenwich Market）。

　　　　　　　　🚇 DLR：Greenwich DLR：格林尼治站

Greenwich Market
是世界珍贵遗产喔！

　　格林尼治市场不小也不大，看起来就像是伦敦一般的市场，里面挤满了密密麻麻的小摊位，洋溢着温馨情调和亲切气氛，老板们脸上挂着淡淡的笑容，热情地招呼客人。从主路就能看到市场的大牌子，转往小巷再走几步就到了。入口很小，沿途有好几条类似的巷子，每条巷子两边都是商店，各有特色。市场营业时间为周三至周日，不过每天卖的东西都不一样，基本上会有许多食物摊位，提供世界各国的地道料理。周三主要是卖家饰品；周四卖古董和服饰；周五到周日则什么都卖，例如：衣服、家居饰品、古董、唱片等，就算不买东西，来一场国际美食之旅也很棒。

　　逛完市场就继续到附近走走，周围还有很多商店喔！

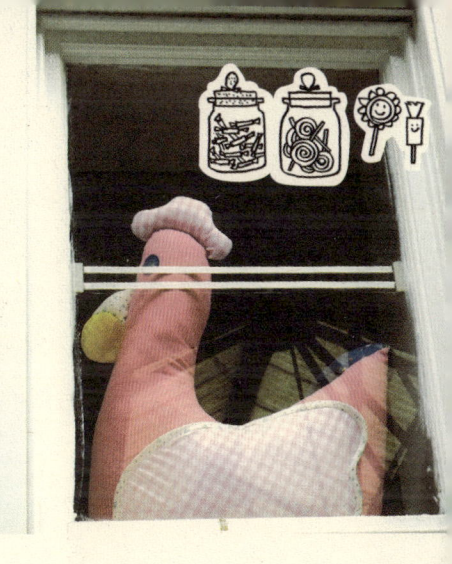

MR Humbug
从眼里甜到嘴里

　　现在你的身体是不是需要糖,而且很想吃甜的东西?如果你的答案是"Yes",那你应该赶快来这家店。光看她粉红色的外观就觉得甜入心扉。店内挤得水泄不通,原来这是一家糖果专卖店,货架上每个透明塑料瓶都装满了糖果,看起来大概有好几百种口味。颜色缤纷又可爱,还没吃就能感受到它风味绝佳、甜味浓郁。

Biscuit Ceramic cafe
边喝咖啡边做咖啡杯

　　在这间咖啡店不仅能轻松享受香醇咖啡,还能参加一个很有趣的活动,吸引了不少顾客前往。

　　这里就是陶瓷咖啡店,顾客可以在现场创作"专属自己"的陶瓷品。店家会提供半烤好、未上色的陶瓷杯子、碗盘和娃娃,让顾客自由挑选,而且所需要的工具也都会准备好。我选好之后就用涂料上色,一边喝咖啡,一边慢慢地完成陶艺作品。接下来,就把上好颜色的陶瓷交给店员帮你烤,隔天再过来取货或另外跟他们约时间,这样就可以在家里用自己专属的咖啡杯品尝各式饮品了。

GIVE
WAY

爱逛伦敦市场的人可要注意开放时间喔！因为各个市场的营业时间不一样，大部分都是周四至周六，不过有些地方营业时间比较特殊，有自己的固定开放日期和时间。为了避免白跑一趟，出门前记得确认当天是否营业。

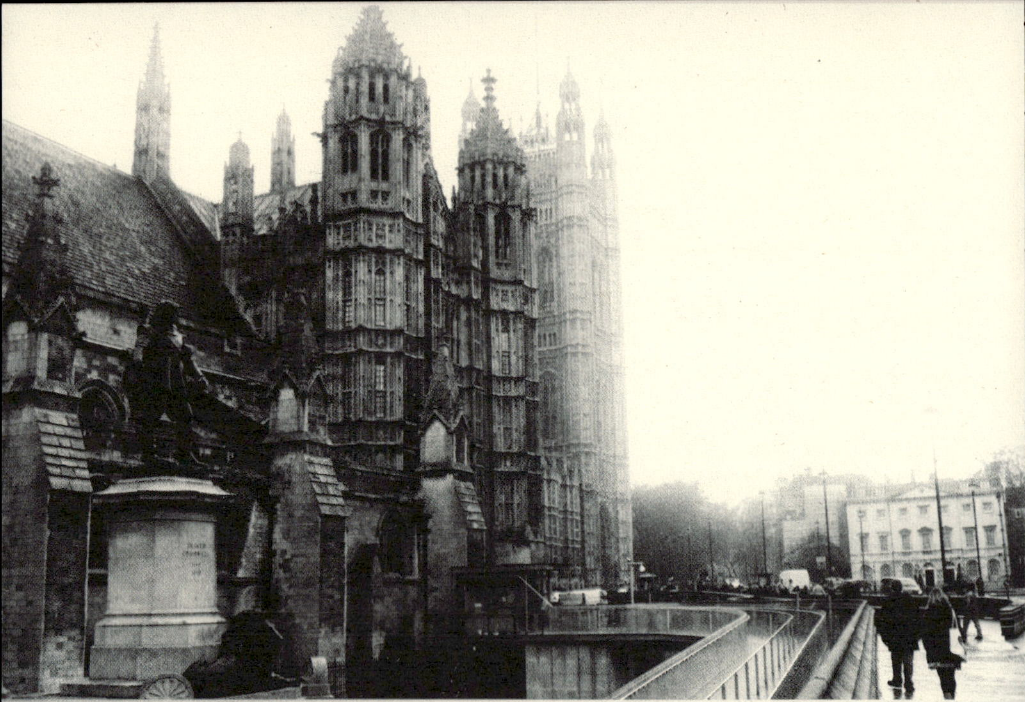

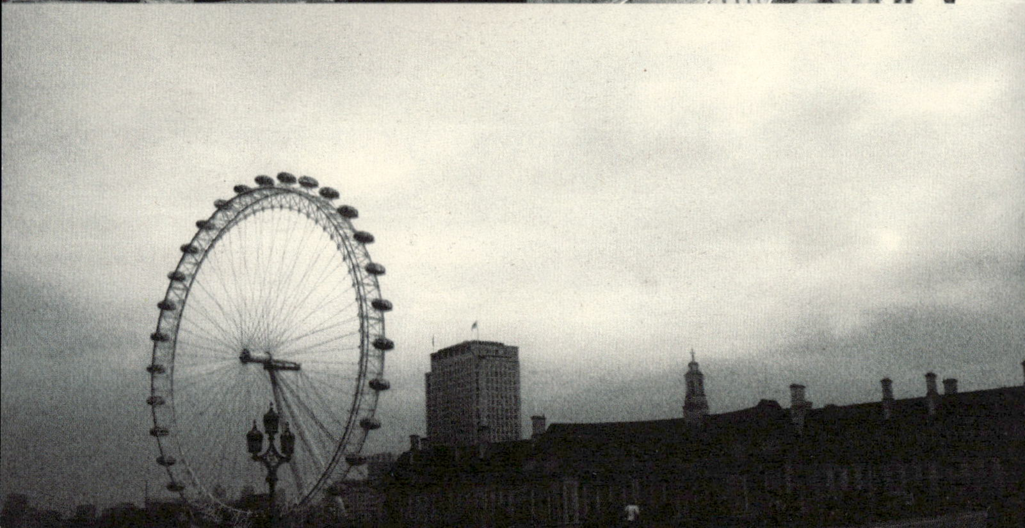

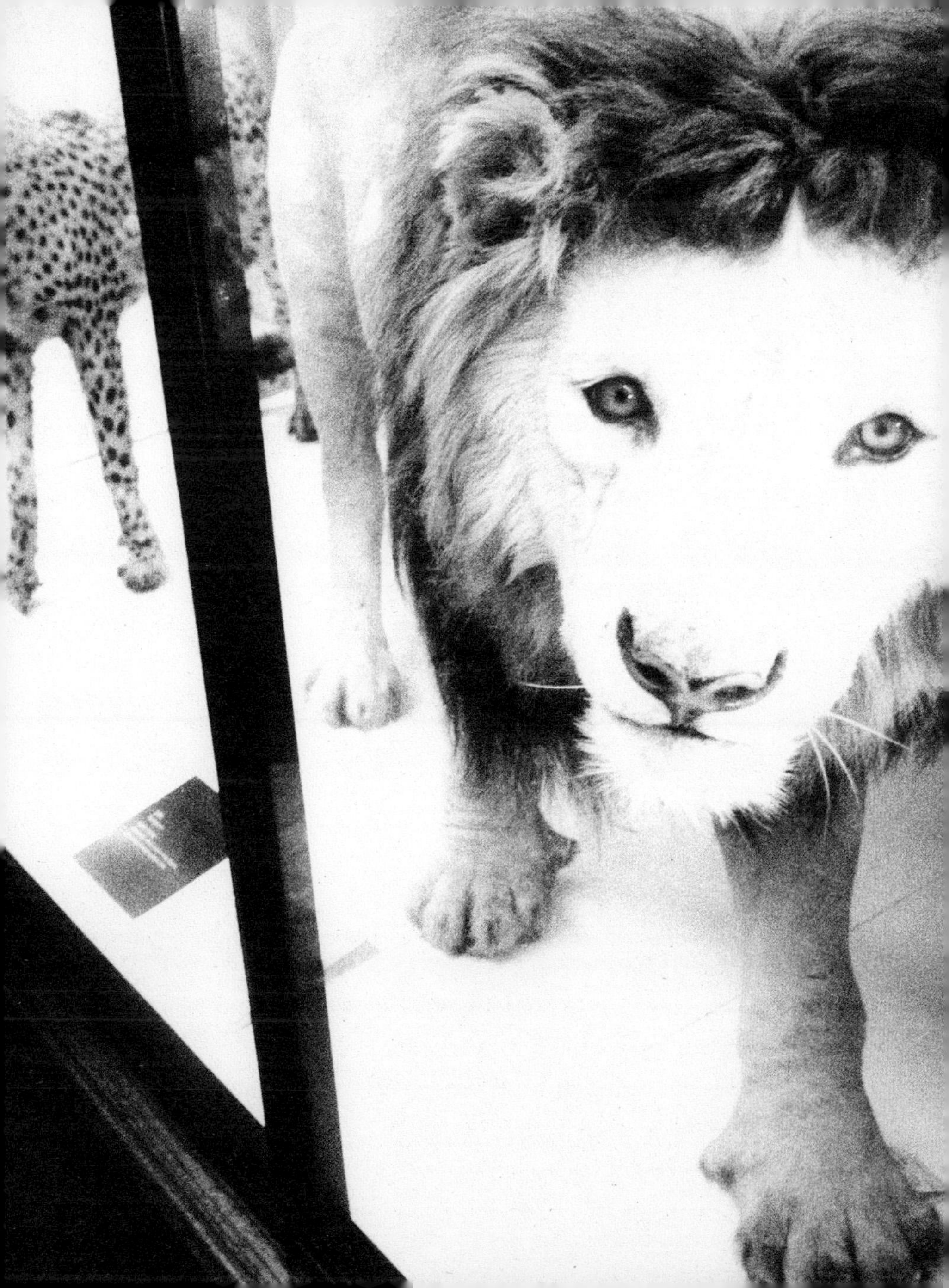

Little London
小提示大帮助，畅游伦敦必看！

小提示一：墙壁上的故事

旅游新手除了随身携带一张地图外（为避免发生危险，在路上千万别把地图拿出来看，让人一看就知道你是观光客，在吸引路人注目的同时，也吸引了窃贼的注意），还有一个方法能让你不易迷路，就是瞧瞧周围的墙壁。我没有那么变态要你偷窥人家，但如果你够幸运，就会看到有人在换衣服、开玩笑的啦！事实上，我们可以从墙壁上的牌子得知街道的名称，路上当然有路标，不过那些牌子多到令人眼花缭乱，只是转过一个街角就发现自己走上了另一条路，让常常迷路的女人感到困惑，而且会花很多时间在找路、问路上，所以我建议用相机或手机拍下建筑和街景，有助于确认回程路线，也能减少迷路的机会。

伦敦有些建筑是著名艺术家住过的地方，外墙通常会变成展示板，贴上建筑历史、艺术家自传及居住时间等重要数据，让人可以从墙壁得到有趣的知识。

Ada Street E8
London Borough of Hackney

A GREEDY DUCKER

小提示二：国内产品

一直到现在我感觉还是有点小生气，由于伦敦的天气多变，随时可能会转阴下雨。这种天气对心情有一定的影响，天气晴，心情好；雨天则会勾动我寂寞的心弦，心中涌起一股非常沉重的无力感；此外，干燥的天气也会给肌肤带来不少伤害，使肌肤的水分大量流失而出现缺水状态。整个旅程我都专心地用眼睛欣赏伦敦美景，忽略了皮肤的保养，不知不觉全身已经变得很干（导致我全身干巴巴的主要原因是天气，而不是逛街逛到全身没钱啦！哈哈哈），总感觉好粗糙，看起来都不闪闪动人了。

针对这个问题有一个很好的解决方法，现居于伦敦的泰国朋友跟我说，从泰国带来的乳液可能不够浓稠，在非常干燥的天气下使用清爽型保养品会感觉不够力、不够滋润。最好用当地产品，效果比较好。可以去超级市场、药妆店 Boots 找找看，不管是英国或欧洲制造的保养品都能改善肌肤干燥。不过，带回泰国使用就发现乳液浓度太高，擦起来感觉黏黏的，不舒服。

小提示三：没有 24 小时营业这件事

我朋友在英国留学好几年，除了上课读书外，剩下的时间就是旅游。某天，我们到她住处附近的一个超级市场买菜煮晚餐，当我推着手推车，听她用好似抱怨的语气说："千万不要相信百货公司宣称它 24 小时营业这件事。"可是外面的招牌明明写着 24 小时营业，整天不打烊，提供顾客舒适安全的购物环境和优质的商品及服务。事实上，伦敦并没有 24 小时营业的商店，她还指着牌子给我看，上面注明："我们有时会提早打烊，可能是今天、明天或后天。如果发现我们没开门迎接你，请不要生气，因为我们已经在这里注明了，呵呵！"

她还同时用充满杀气的眼神,看着那些没有犯任何语病的小字,然后推着车往里面前进,去完成我们买菜的重要任务。

小提示四：wait 还是不 wait？

常常在有 4 条路、3 条路或 2 条路交会的路口看到行人标志灯,以及过马路专用的绿灯按钮,要过马路的时候,按下路边柱子上的按钮,就会立即亮起"wait"字样。这样驾驶与交通控制中心就知道有人要过马路,过一会儿绿灯就会亮起。

我刚到伦敦的前几天也努力适应环境,当一个有公德心的好游客。每次要过马路时都会按下按钮,静静地等候绿灯。只是,除了我之外,都没看到有人等绿灯亮了才过马路,在汽车急驰而过的时候就冒死闯红灯,让"wait"字样一直亮着。我实在不知道该怎么办,只能站在人行道上,挣扎着到底该不该等呢？

若看到路口的黑白柱子上有一个黄色圆灯,就不用等很久了。因为这个交通标志灯表示只要有人在等着过马路,车辆一定要停下来让路,等行人走过去后车辆才能通行。

小提示五：站起来吧！为何坐着呢？

　　从傍晚6点开始，无论是年轻男女或老年人，忙完了一天的事情之后都会出门去酒吧。英国的酒吧跟泰国的完全不一样，会供应一些酒吧餐让客人充饥，并不是那种只能喝酒、跳舞的夜店。这时，一般餐厅已经打烊了，下班后的上班族通常会直接到夜生活区吃喝玩乐，不仅可以吃饭，还可以跟朋友们聚在一起喝喝酒。如果是伦敦很有名的酒吧，早就已经都客满，店外往往也会出现大排长龙的情况。后来，人们便习惯手里拿着一杯酒，站在店门口，一边喝酒一边聊天，店里有没有座位，他们都不管，好像比较喜欢在外面享受舒适怡人的天气及热闹的街景。

小提示六：好心美女与慈善商店

　　女生就是爱逛街，逛街后难免会有战利品，这就产生了一个需要关心的问题，那就是衣柜已经爆满了。每次买新衣服，心情都会很好，但是整理衣橱的时候，就会发现衣服太多又舍不得丢，而头疼不已。伦敦人有一个很好的解决方法，就是把自己不要的旧衣服、鞋子、包包捐给福利机构。回收的旧衣服经过挑选和高温消毒之后，就变成二手成衣，转卖所得的钱就捐给需要帮助的人和其他公益团体。捐旧衣的方法也很简单，大大的铁制回收桶遍布伦敦市区大街小巷，只要在住家附近找到旧衣回收桶丢进去即可，因此衣柜里就能腾出许多空间了。或者干脆买二手服饰，这也是另一个做公益的好方法，只要小心不要买到自己的旧衣就好。

　　在英国有很多不同类型的"慈善商店"（Charity Shop），由目的不同的非营利组织设立，我所看到的包括 Oxfam、Cancer Research、Barnardo's Store 及 Traid 等。逛街时遇到慈善商店或慈善机构的捐款箱，就可以购买捐献物品及捐款帮助他人喔！

　　要提醒各位善良的美女，位于繁华商业区的慈善商店所出售的商品会比一般分店高级一点，其中也包括世界知名品牌喔！

与人分享吧！

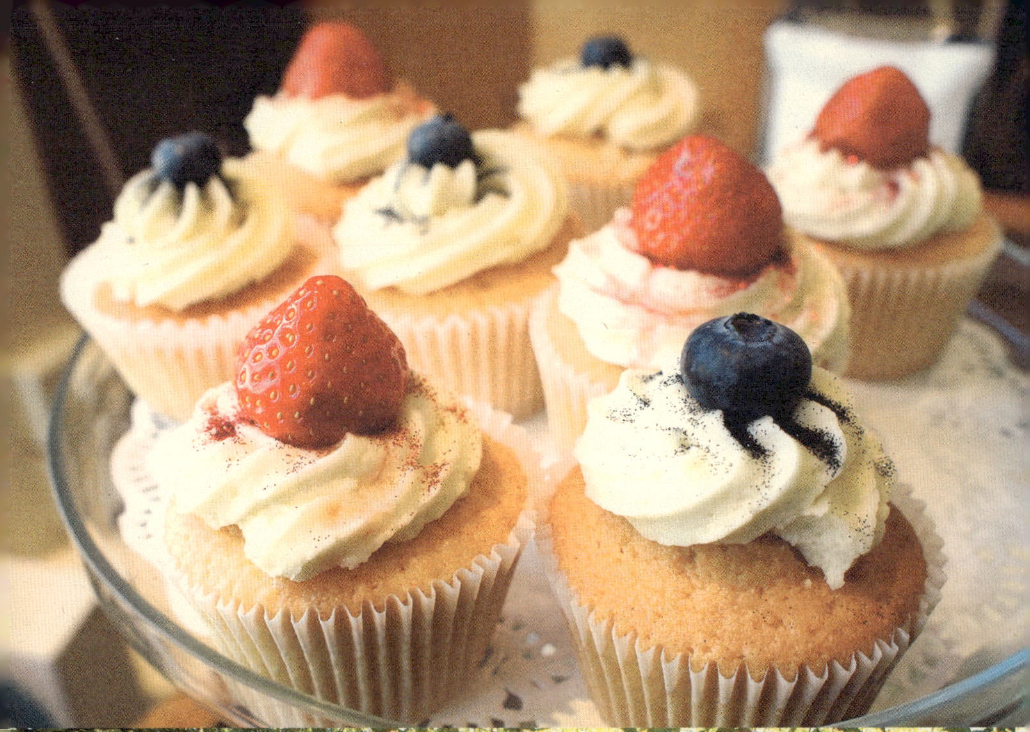

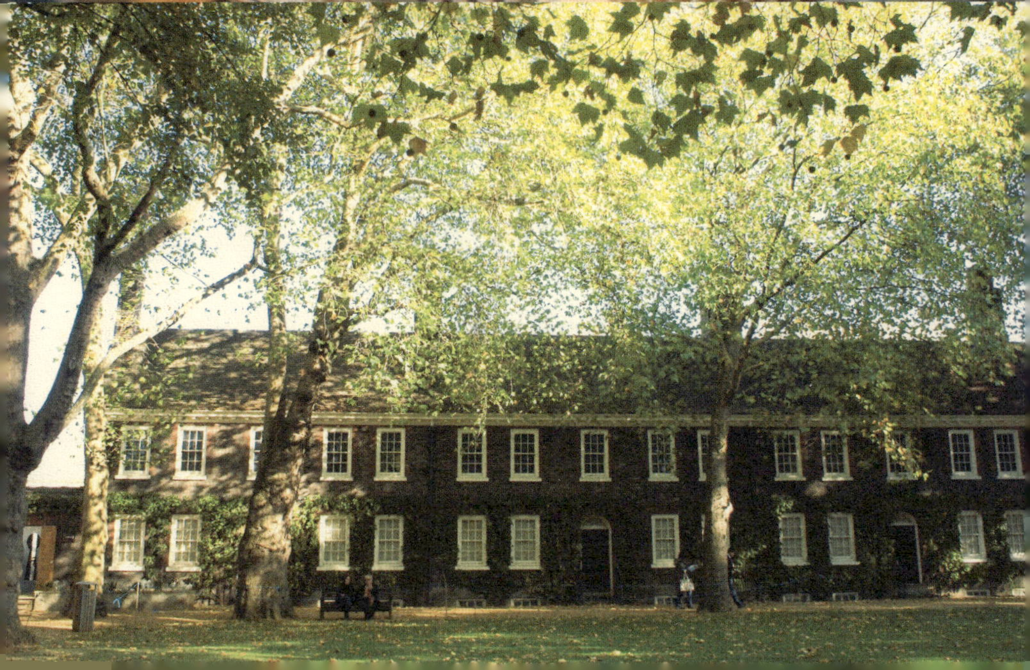

小提示七：免费印刷品到处是

在英国伦敦发行的免费报纸有很多种，几乎每条大街都可见发免费报纸的，主要有《地铁报》(*Metro*)、《伦敦报》(*The London Paper*)及 *London Lite* 等，《地铁报》和《伦敦报》一周仅出刊五天，即周一至周五。在短短几分钟的路程，就有三四处免费报纸的派发点，在地铁站出口附近有时也有一排可以打开的铁箱，里面有印刷品可免费取阅。因此，在地铁上常常看到乘客忙着看报纸刊物，有些人看完就把报纸留在座位上，让下个乘客"反正闲着也是闲着，来看看报纸好了！"但是，越来越多的读者这样做，车厢里散布着阅过的报纸，显得有点乱。

除了免费报纸之外，偶尔也会看到路边的商店和市场里摆着各式传单，例如：派对传单、广告传单、展览会传单等。每种传单都经过精心设计，内容丰富多元，非常有吸引力，令人忍不住拿起来看看。还有些商店自己制作的精美促销传单、商品目录及小杂志，免费发送给每一位来店的客人。来到伦敦后，别忘了拿一份既有创意又有趣的印刷品喔！

小提示八：英式下午茶

一到下午，我就发疯似的想喝英式 Afternoon tea，于是约了好几个朋友一起去。当然用餐时，我们也不忘注意自己的一言一行，尽量有气质一点，然后学彬彬有礼的英国人一样发出"啊哈！"的声音（请别惊讶，这就是喝一口茶、吃一口蛋糕后，无法自制地发出的声音）。

姐妹们建议我午茶时刻就要吃司康（Scone）。在这小圆饼中间抹上浓缩奶油（clotted cream）和果酱，慢慢地一口口享受精致美味，接着大口大口地喝下清香淡雅的英式红茶，好茶就是需要这样慢慢品味才对（差点忘了注意用餐姿势，请多多包涵）。

如果想要品尝传统英式下午茶就点 High Tea Set[①]，在 Tea Set 中包括三明治、司康、精致小点心、派和一壶茶。可是，现在人人都繁忙，不想把大量的时间花在喝茶上，所以只要点司康和茶就行，分量也刚刚好。

《培养英文实力》的作者玛丽小姐带我们去一间很有名气的酒吧餐厅 Sketch 喝 Afternoon tea，还说这里是伦敦最热门的餐厅之一，同时把白开水当茶为我们示范品茶礼仪，因为餐点还没上桌。Sketch 的装潢和部分家具带有朋克风，总共有两层楼，二楼是很 sexy 的酒吧，一楼是餐厅，提供融合多国风味的美馔，主要包括英式、法式、意式三种料理。碗、盘、茶具上都有缤纷的花色，设计看起来时尚又精巧极了。想来这里品尝 High Tea 的人，最好选在下午3点钟来，因为2点多时司康刚出炉，只要把热腾腾的司康放在盘子里，就可以马上端上桌，而且这时刚好是英国传统下午茶的时间喔！

我还去过 Cake Hole 享用英式下午茶，它位于哥伦比亚路花市（Columbia Road Flower Market），有多种口味的司康可选。我个人最偏好葡萄干口味，酸酸甜甜、软软QQ的，让我忘怀不了！

[①] 喝传统英式下午茶 High tea 的时间是下午5至6点，可当作休闲的小点心或晚餐前的开胃点心，而 Afternoon tea 则是下午的3点到5点之间。

小提示九：多跟读书人交朋友

不管是学长学姐、学弟学妹还是同学都可以跟他们交个朋友，多交朋友有许多好处，出国旅游时可能会遇到不少困难与问题，那时就需要他们的帮忙；没有地方住时，也可以到他们家借住几晚。就算什么都不用帮忙，至少能陪我一起吃喝玩乐，有人陪伴的感觉就像流浪的孤儿找到妈妈了，顿时有了依靠，真好！此外，在博物馆、美术馆、电影院等地方买票时，只要出示他们的学生证，即可享有优惠，甚至去时尚服装店 Top shop 购物也能享有折扣。（我真得跟在英国留学的朋友说声感恩啦！）

小提示十：处处都会遇到甜蜜蜜的杯子蛋糕

最近不知道怎么了，不管走到哪里都会看到小巧可爱的杯子蛋糕，是不是我自己想太多啦？咖啡馆、餐厅、蛋糕店，伦敦的大街小巷都有人卖杯子蛋糕，而且每间店都各有特色，譬如：Harvey Nichols Cafe 的杯子蛋糕都是大地色；诺丁丘（Notting Hill）的小蜂鸟 Hummingbird Bakery 也是一家值得推崇的蛋糕店，特色在于迷人的缤纷色彩、蛋糕的口感丰富，装饰也很诱人。用汤匙挖一大勺送进嘴里之前，总让我很期待这么漂亮的它味道如何！事实上，杯子蛋糕源自于美国，传到了英国也大受欢迎。英式下午茶除了搭配各种可口的司康外，杯子蛋糕更是英国人少不了的甜点。华丽的杯子蛋糕真是无可挑剔，对我这种喜欢甜食又不想吃太多的人来说，分量真是刚刚好；而且在派对中，只要一摆上颜色粉嫩的杯子蛋糕，气氛马上就 high 起来。我吃杯子蛋糕的小乐趣就是能跟几个好朋友一起挑口味，甚至各切一半互相交换，不仅可以吃到多种口味，还会忆起小时候一起分享食物的趣事。

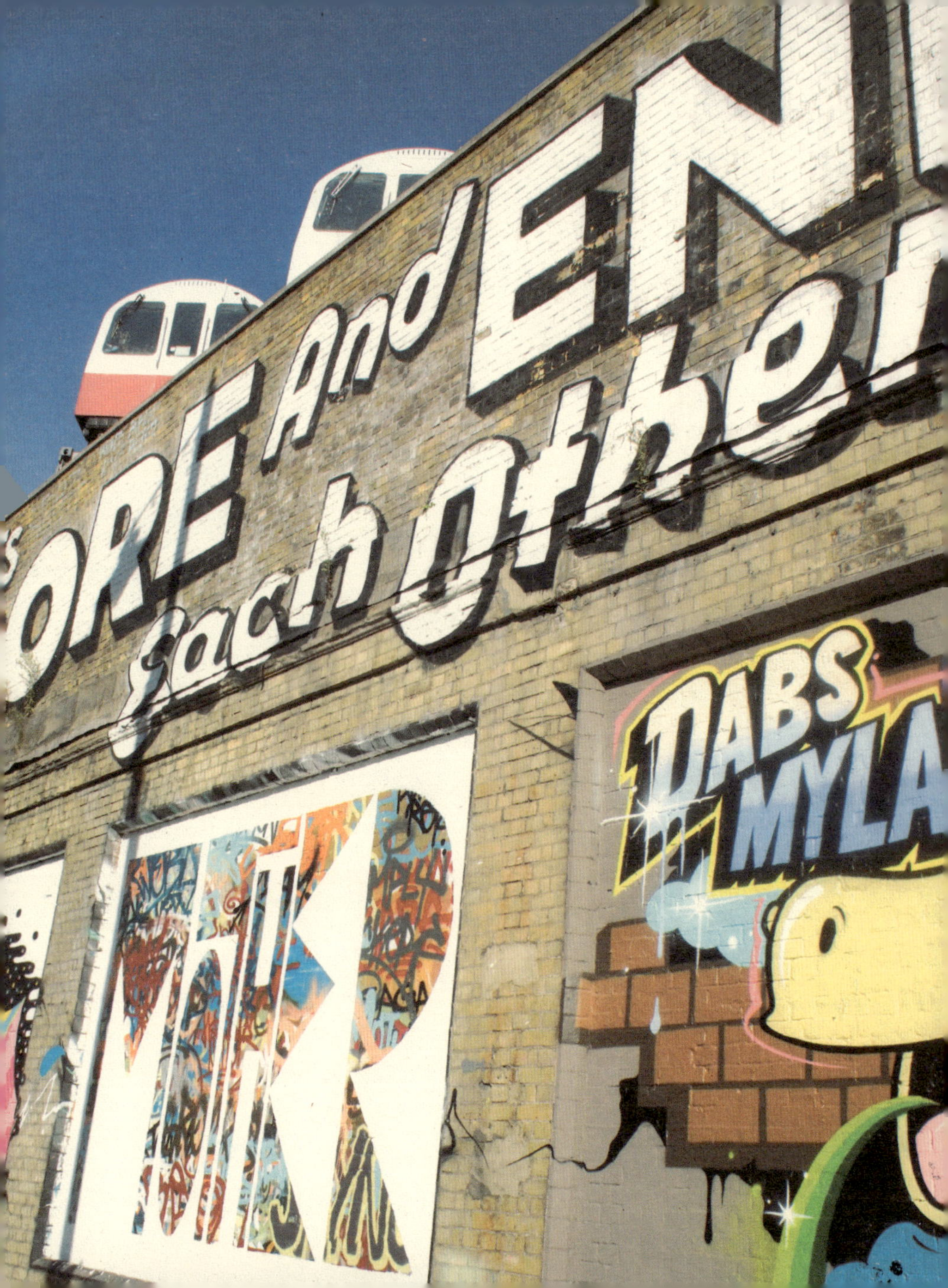
ORE And
Each
DABS

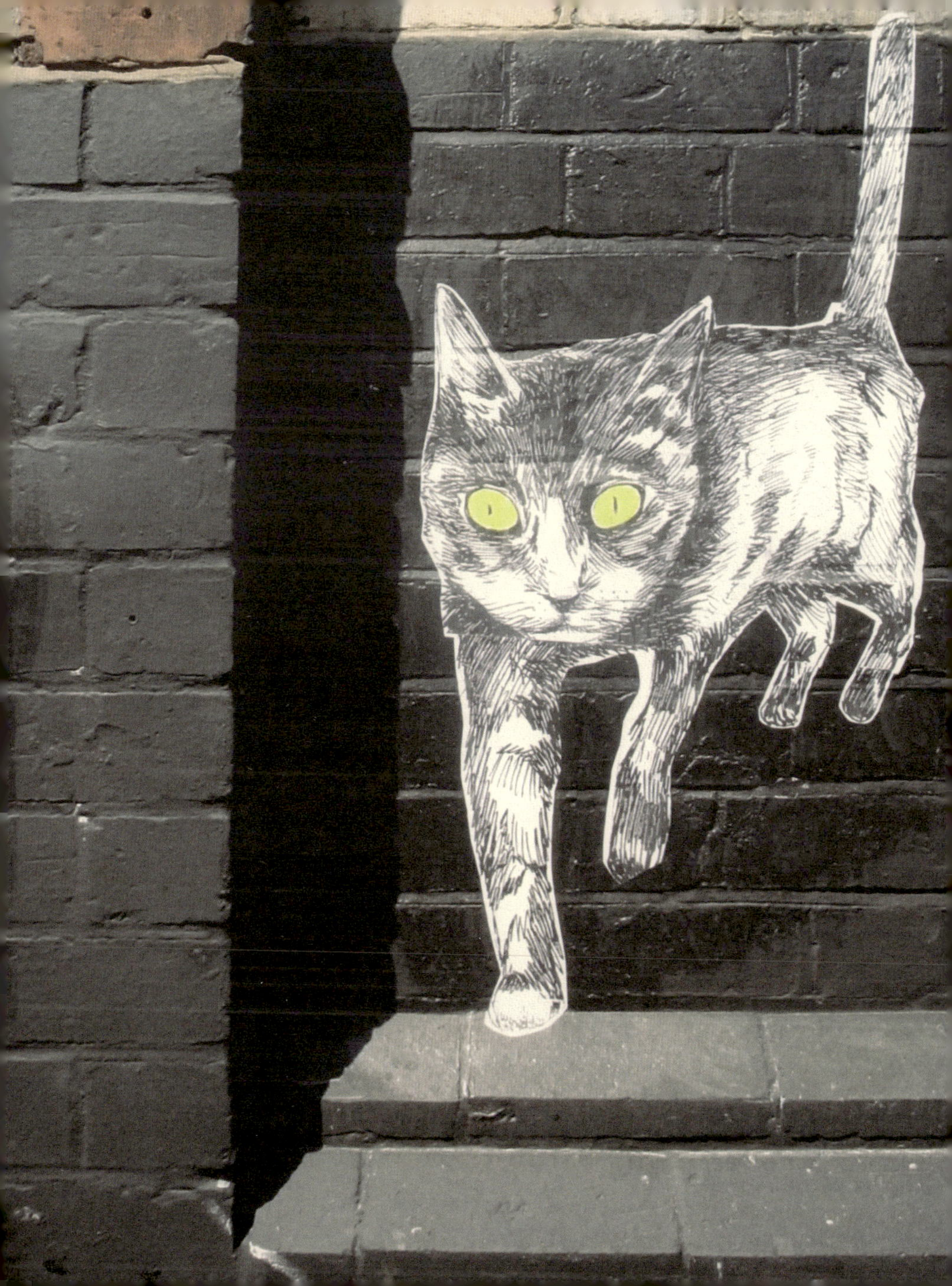

Grab every chance
Play Wednesday and Saturday
cash machine
LONDIS

Lovely London

尽管人们对伦敦的印象是灰暗、一天四季阴雨绵绵，少见晴天，容易让人烦闷，但它给我的印象却是甜美、充满可爱气息的。

The Shoe Galleries
寻找另一只鞋

我曾为 Minidot: Shoes Belong with Me 这本书写过书评，结尾有一句话说道："鞋子与爱情相似，只有一双[1]就足以前进了。"

到目前为止，我还是觉得这句话没错，恋爱本来就要专一。但在爱情里，常常会有意外发生，考验两个人的感情。在 Selfridges 百货里也有一家鞋廊"The Shoe Galleries"，很适合用来做真心大考验，容易变心的女孩要把持住喔！

Selfridges 百货于 2011 年开设的 The Shoe Galleries，是目前世界上最大的女鞋精品店。如果你问我"这真是最大的吗？"我的答案是"不确定"；但如果问我"这里能否满足你的购物需求？"我一定毫不犹豫地回答"Yes！"

---

[1] 作者把"一双鞋"比喻成"一对夫妻或情人"，因为爱情是两个人的事，就像一双鞋是成对的，不能超过两只一样；另外，在茫茫人海中寻找和你相配的另一半，也很像寻找着另一只鞋。

The Shoe Galleries 里陈列着成千上万的鞋子，品牌有大有小，其中只有世界顶级奢华品牌才有自己的专柜。我觉得最值得来这里的原因，是因为有些特别款式只在这里贩卖。此外，还有价格合理、人人都买得起的高级品牌，款式多达几千种，全摆得井井有条，散发出优雅气息，令人眼前一亮。店员们的服务态度也挺好，不会给客人任何购买的压力，也不会一直跟着客人。让我可以轻松地寻找自己的另一半，oh！不是，是寻找另一只鞋才对。

叽叽咕咕
你容易见异思迁，今天爱，明天又不爱了吗，建议你买鞋子时要连鞋盒一起带回家。虽然提着走路有点不方便，但如果想要退换货，可直接将发票与完整的商品一并退回。

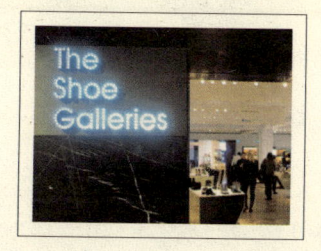

请爱护我哟！

地址：Oxford Street
地铁：庞德街站（Bond Street）、大理石拱门站（Marble Arch）
开放时间：每日 9:00 开门，周一—周三开放至 20:00，周四—周六开放至 21:00，周日开放至 18:00

The Boundary

小而美的设计旅馆

17

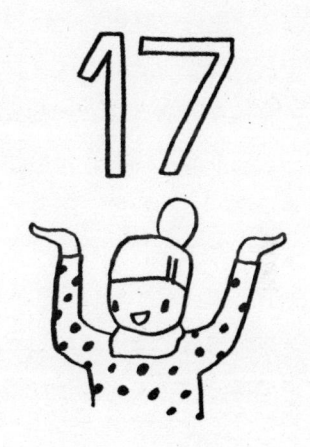

　　The Boundary 饭店位于国界街（Boundary Street）的角落，因而得名。

　　这是一间小型的商务饭店，只拥有 17 间客房，每间房间约 30 平方米，跟其他饭店比起来算是很小的，但室内装潢很精致，布置温馨又不失可爱，每个角落都看得出设计者的用心，在这方面的分数极高喔！我敢保证面积大小不是问题，这家饭店能为客人提供舒适优雅的环境，置身其中，一定能感觉宾至如归。我订房的次数已经多出 The Boundary 房间数量 N 个了，还是订不到！

所以，我从没住过这里的任何一间房间。尽管一直没机会在这儿坠入梦乡，再从甜蜜的梦中醒来，还是可以来吃顿早午餐，果然也是大排长龙呀！我高高兴兴地跑去排队，一边等一边看架子上的有机生菜、农场产品；跟姜饼人打招呼后，肚子就开始咕咕叫了。餐厅内所有食品都是有机的，不喜欢的人可能会摇头，这样的话，建议你去楼下的咖啡馆，喝杯咖啡或点份轻食。如果想吃大餐就上顶楼，有英式、美式早午餐可选，在享受美食的同时，还能将城市的美丽景色尽收眼底，增添用餐气氛。至于晚餐，饭店高级餐厅主要提供传统的法式料理及各种优质葡萄酒，让你边享受佳肴边享受餐厅华丽。

我个人比较偏爱东伦敦，若不考虑这一点与交通问题，光看饭店装潢就赢得了我的心。每间房都邀请不同的著名设计师设计，风格各不相同，如：现代时尚风、经典优雅风、六十年代斯堪的纳维亚风，让旅客有更多样化的选择。

The Boundary
地址：2-4 Boundary Street, Shoreditch, London E2 7DD
地铁：利物浦街站（Liverpool Street）、老街站（Old Street）
开放时间：（午餐）周一——周六 12:00—15:00，周日开放至 16:00；（晚餐）周一至周六 18:30—22:30，周日不提供晚餐；酒吧开放至 24:00

210

211

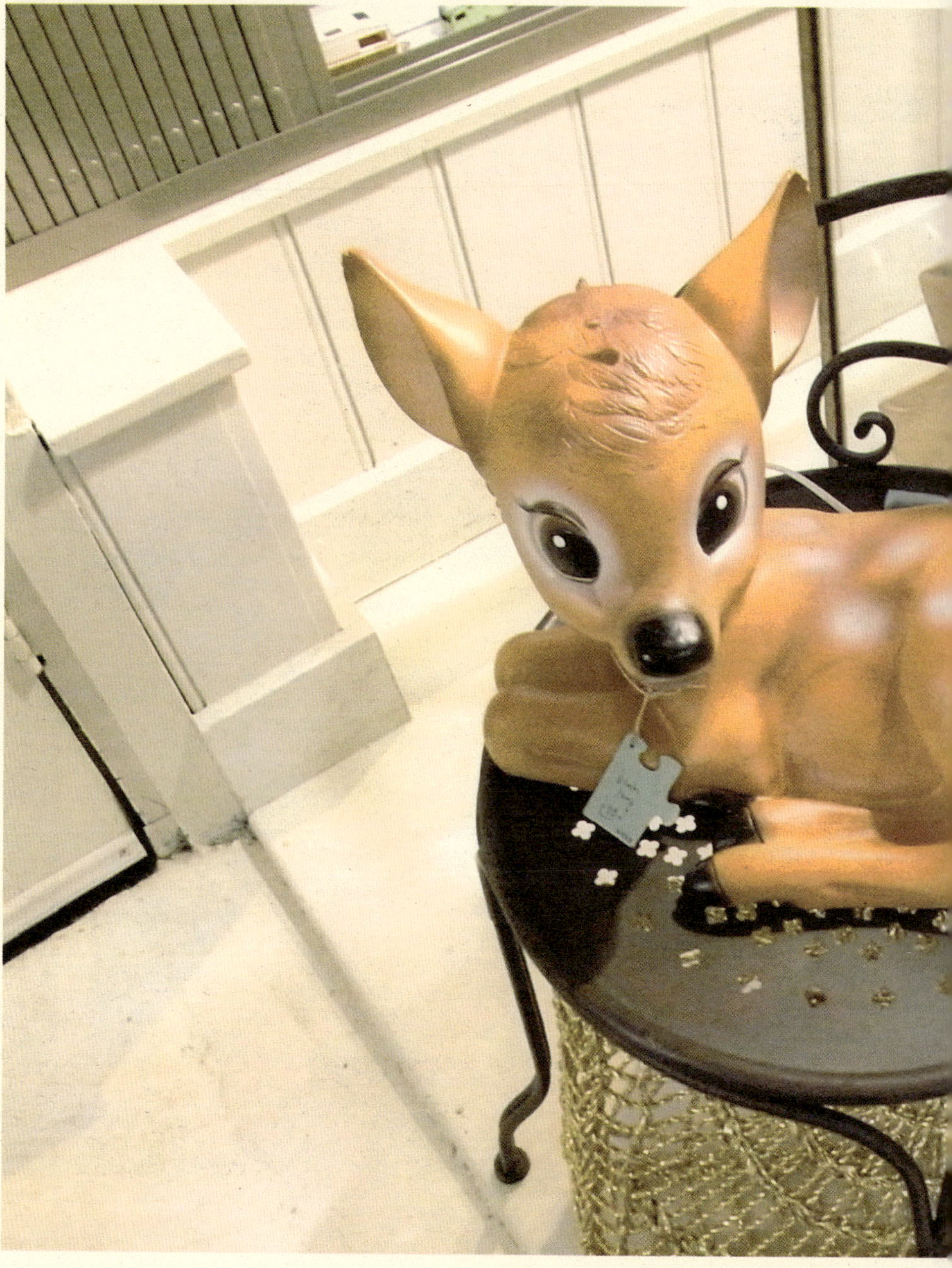

Caravan

吉卜赛风大篷车里，赏玩来自世界各地的手工艺品

一听到"Caravan"，我脑中就出现一堆跟泰国"Carabao[①]"乐团有关的东西，像是水牛头、随风飘舞的彩色方格布等；真正看过 Emily Chalmers 的大篷车之后，留下的印象是可爱的小白兔和鹿头。

[①] Carabao 念起来很接近 Caravan，是一支泰国乡村乐团，标志为水牛头，主唱常在腰间系着一条彩色方格布。

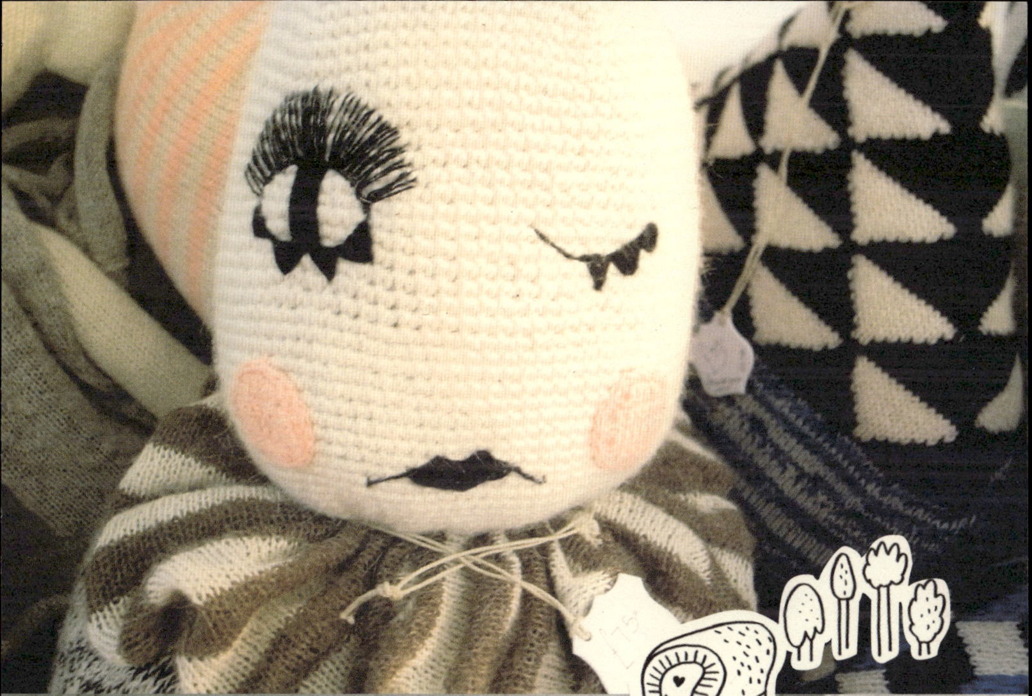
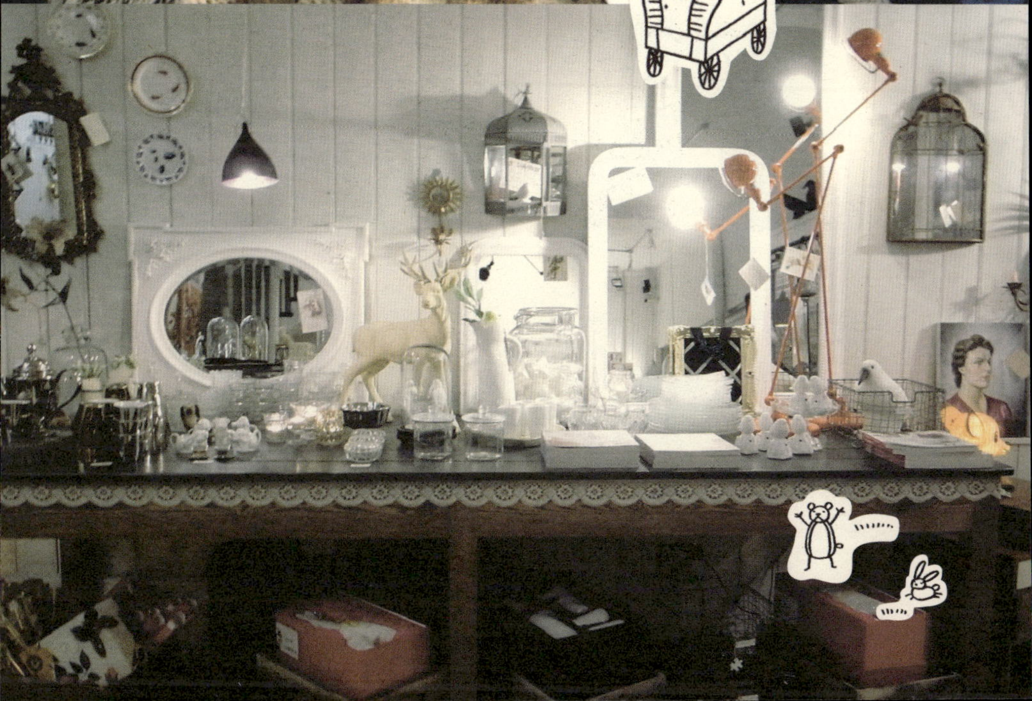

吉卜赛人坐着大篷车旅行，车内塞满食物和生活用品；只要看到美景就可以随时停车，把椅子、咖啡、收音机拿出来，坐在树荫底悠闲地看书，让清风吹拂着，享受蓝天绿地的拥抱。Emily 的大篷车也可以让我感受到同样的气氛。

以前 Caravan 坐落于东伦敦的薛迪奇区（Shoreditch）、红教堂街（Redchurch Street）、The boundary Hotel 对面，现在 Emily 已经将大篷车开离原本的地方了，这次是第三次的搬家。至于下一站它将会在哪里停靠，我们还要继续打听。请随时上官方网站查询地点、开放时间及最新讯息：www.caravanstyle.com。

Emily 本身是一位知名室内设计师及作家，出版过多本家居设计书，我也买过几本，却不知道她就是 Caravan 的主人。Emily 的设计都走复古风，能给人一种时尚却活泼、轻松、滑稽的感觉。店里很多角落还藏着超迷人的动物玩偶，我随便找，就找到了小白兔和小花鹿。

从世界各地挑选而来的商品皆能显示出 Emily 的独特品味，有些是全新的，有些是二手货，不管新旧，都泛着浓郁的复古味。她通常会给顾客一个咒语："放松心情，跟随自己的心，慢慢寻找合你 taste 的东西。买回去后，跟旧的用品玩 mix & match。"让自己的心自由吧！找到真正的喜乐，就像是坐大篷车去旅行！

E STREET E2

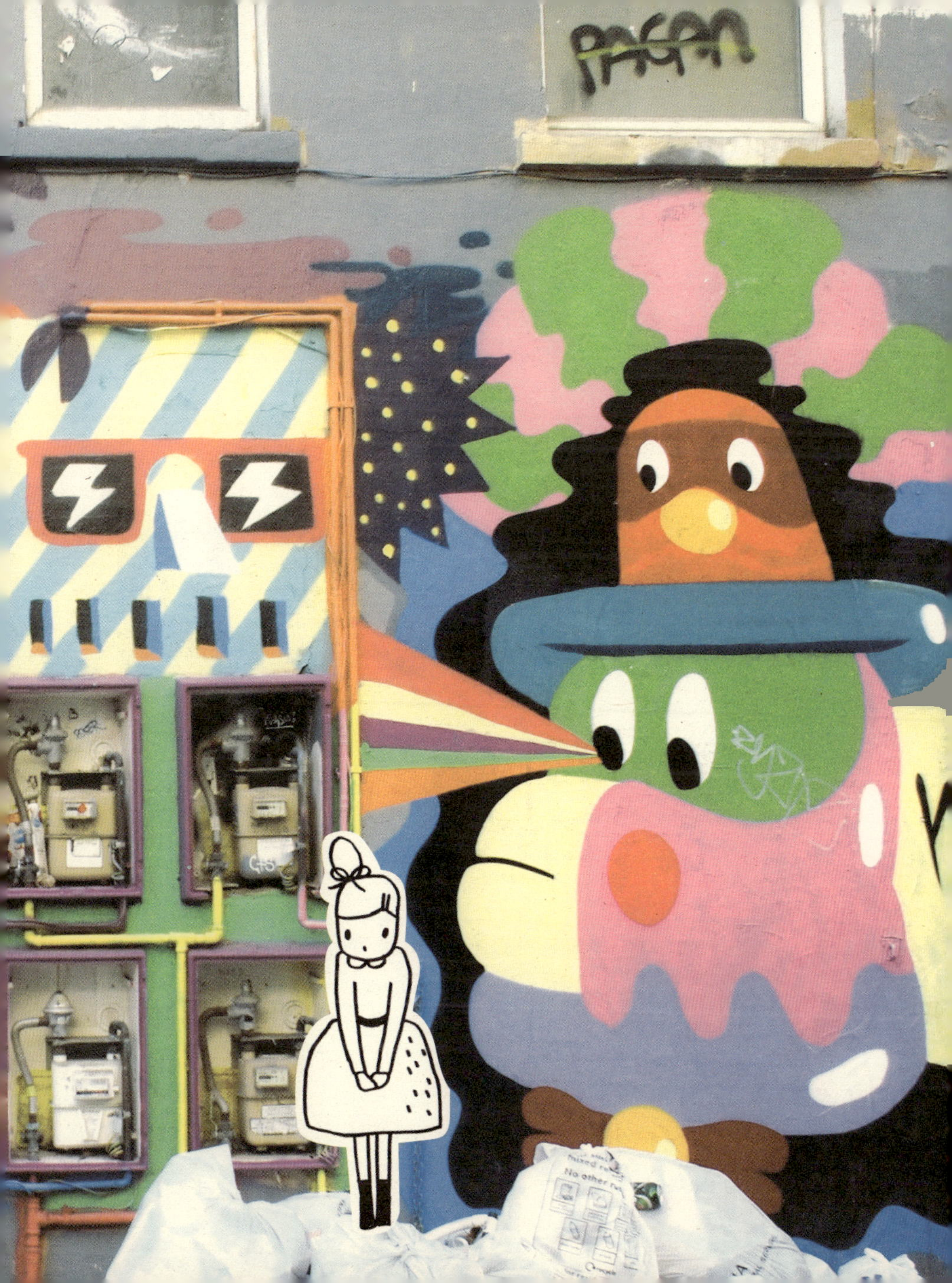
PAGAN

220

London
GUGGIG TRIPS

跟着娃娃轻松游伦敦！
伦敦6日可爱行 plan

Day 1：伦敦市中心

格林公园站（Green Park）→特拉法加广场（Trafalgar Square）、查令十字路（Charing Cross Road）→ Marylebone High St.（马理波恩大街）→牛津街（Oxford Street）

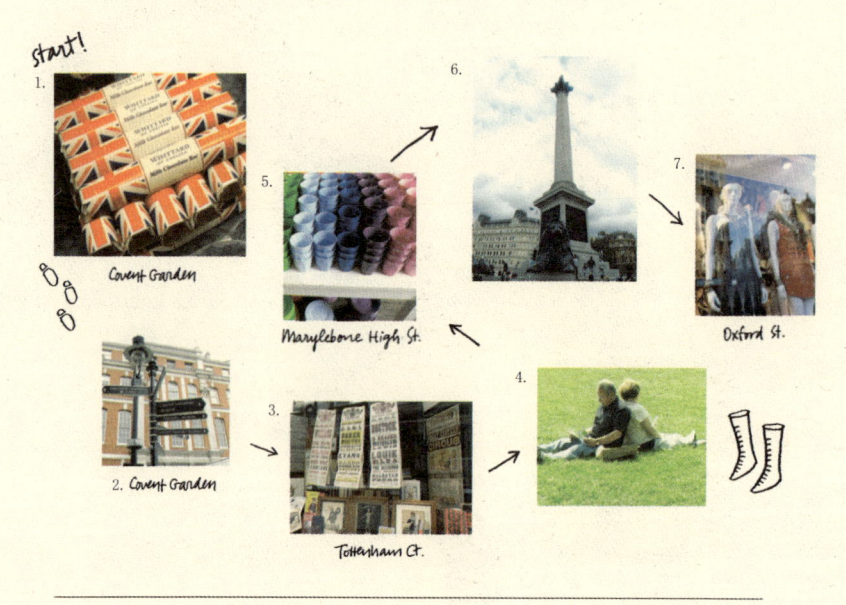

start!

1. Covent Garden
2. Covent Garden
3. Tottenham Ct.
4.
5. Marylebone High St.
6.
7. Oxford St.

伦敦市中心有许多知名的旅游景点，最值得逛的地方是苏活区（Soho）和皮卡迪利广场（Piccadilly Circus），有空的话，去走走、拍拍照真的不错！再继续走，就会到特拉法加广场（Trafalgar Square），跟四只狮子铜像打个招呼，然后到附近的英国主要博物馆参观，过了马路，就来到格林公园站（Green Park）、圣约翰公园（St James's Park）。此外，伦敦牛津街（Oxford Street）的两侧百货公司及名牌精品店林立，由于营业到很晚，建议把这里排入晚上的行程。

Day 2：伦敦东南区

诺丁山站（Notting Hill）、波多贝罗路市场（Portobello Road Market）→ 维多利亚与艾伯特博物馆（Victoria and Albert Museum）、科学博物馆（Science Museum）→ 骑士桥（Knightsbridge）、Harrods、Harvey Nichols → 海德公园（Hyde Park）

沿着骑士桥路（Knightsbridge Road）往南走，就会到斯隆广场（Sloane Square）和英皇道（King's Road），这里到处是国际知名品牌、新锐设计师的服装店。

Day 3：伦敦西区——西南区

百老汇市集（Broadway Market）→ 伦敦桥（London Bridge）、泰特现代美术馆（Tate Modern）→ 泰特不列颠（Tate Britain）

start!

1. Notting Hill
2. Portobello Rd. Market
3. Victoria & Albert Museum
4. Knightsbridge
5. Hyde Park

Here!

Day 4：伦敦东区

哥伦比亚路（Columbia Road）→薛迪奇区（Shoreditch）→布里克巷（Brick Lane）、卡尔纳比街（Carnaby Street）

遇上了周日，自然是安排到哥伦比亚路花市（Columbia Road Flower Market）逛逛，因为这里只有周日营业。

Day 5：伦敦北区

埃克斯茅斯市场（Exmouth Market）→伊斯林顿区（Islington）→缙庭山（Primrose Hill）

在伊斯林顿区（Islington）的地铁天使站（Angel）可以搭乘黑色的北线（Northern Line）到缙庭山（Primrose Hill）的雀范站（Chalk Farm）下车。需要注意的是，只能搭乘开往埃德伟尔（Edgware）方向的列车，因为北线有两个终点站，在肯顿镇站（Camden Town）就会分成两条支线。

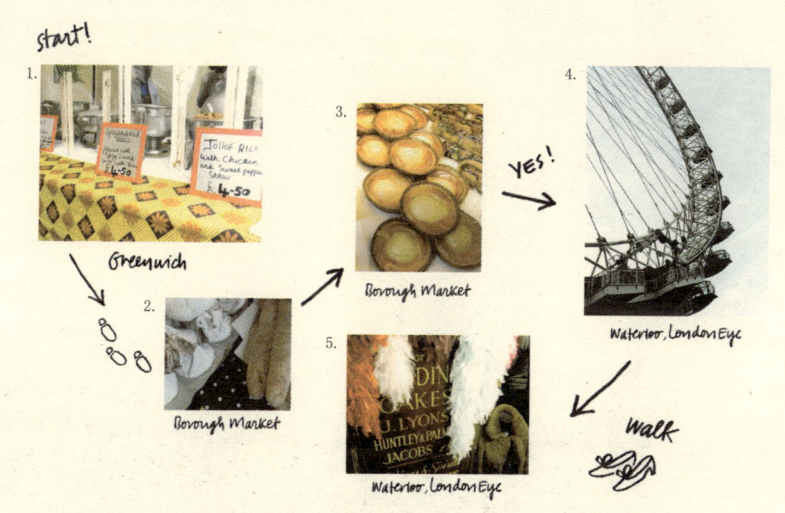

Day 6：伦敦东南区——东区

格林尼治（Greenwich）→博罗市集（Borough Market）→滑铁卢站（Waterloo）→伦敦眼（London Eye）

可以搭乘东南线（Southeastern Line），从格林尼治站（Greenwich）到伦敦桥站（London Bridge），这样就可以省下交通时间了。

只要使用 www.tfl.gov.uk 的在线旅游规划工具，就能像达人一样规划出精彩行程，这个网站上有行程规划软件"Journey Planner"，免费供自助旅游爱好者使用，而且可以直接把地图打印出来，既方便又快速，几分钟就可完成，有了这个就不怕迷路啦！还有其他功能，可按个人需要选用，连伦敦市区哪里有公用厕所都可以查得到。

关于上述的伦敦可爱六日行，请再依个人需求、对景点喜好做调整，安排属于你自己的伦敦之旅。

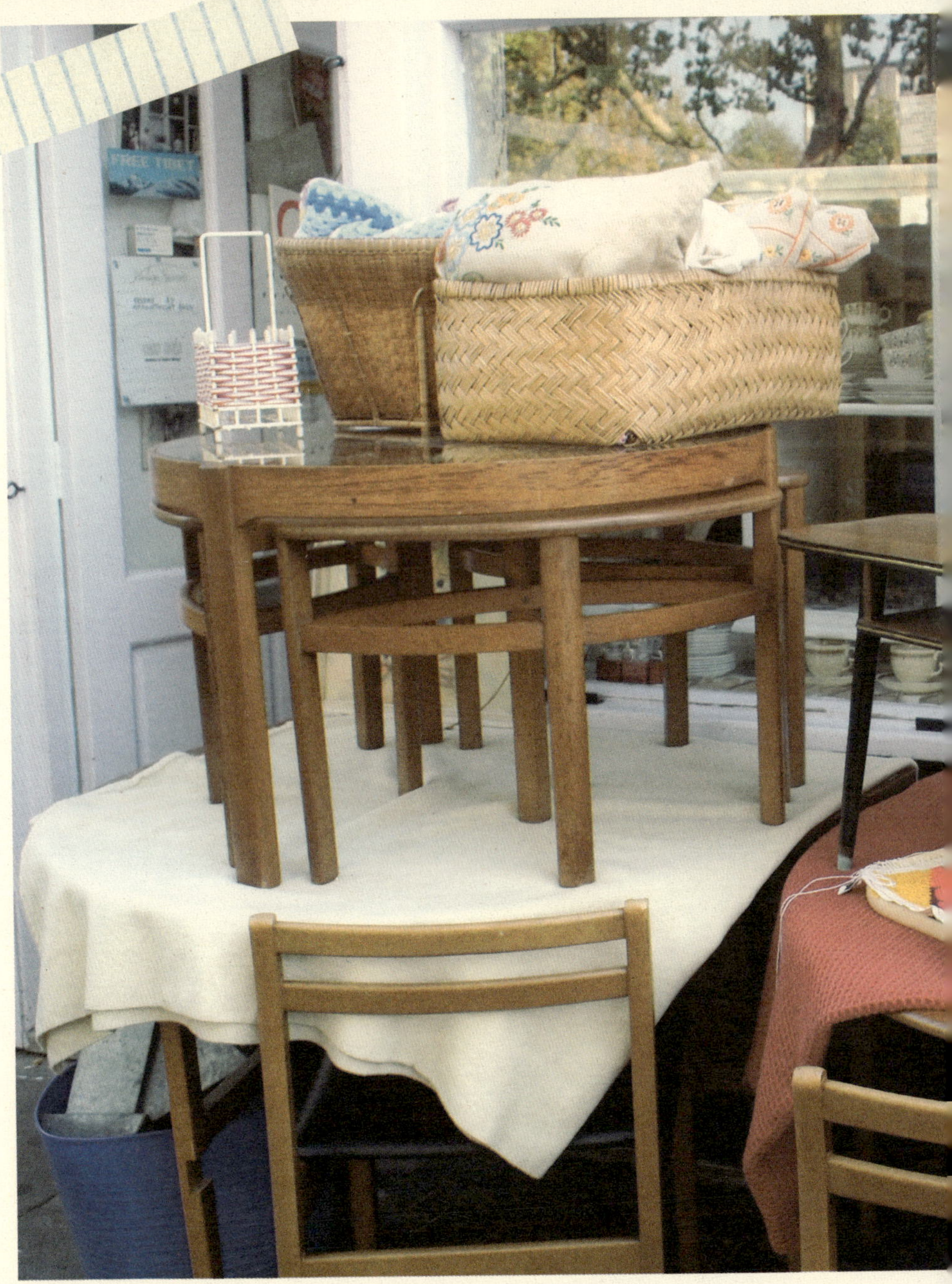

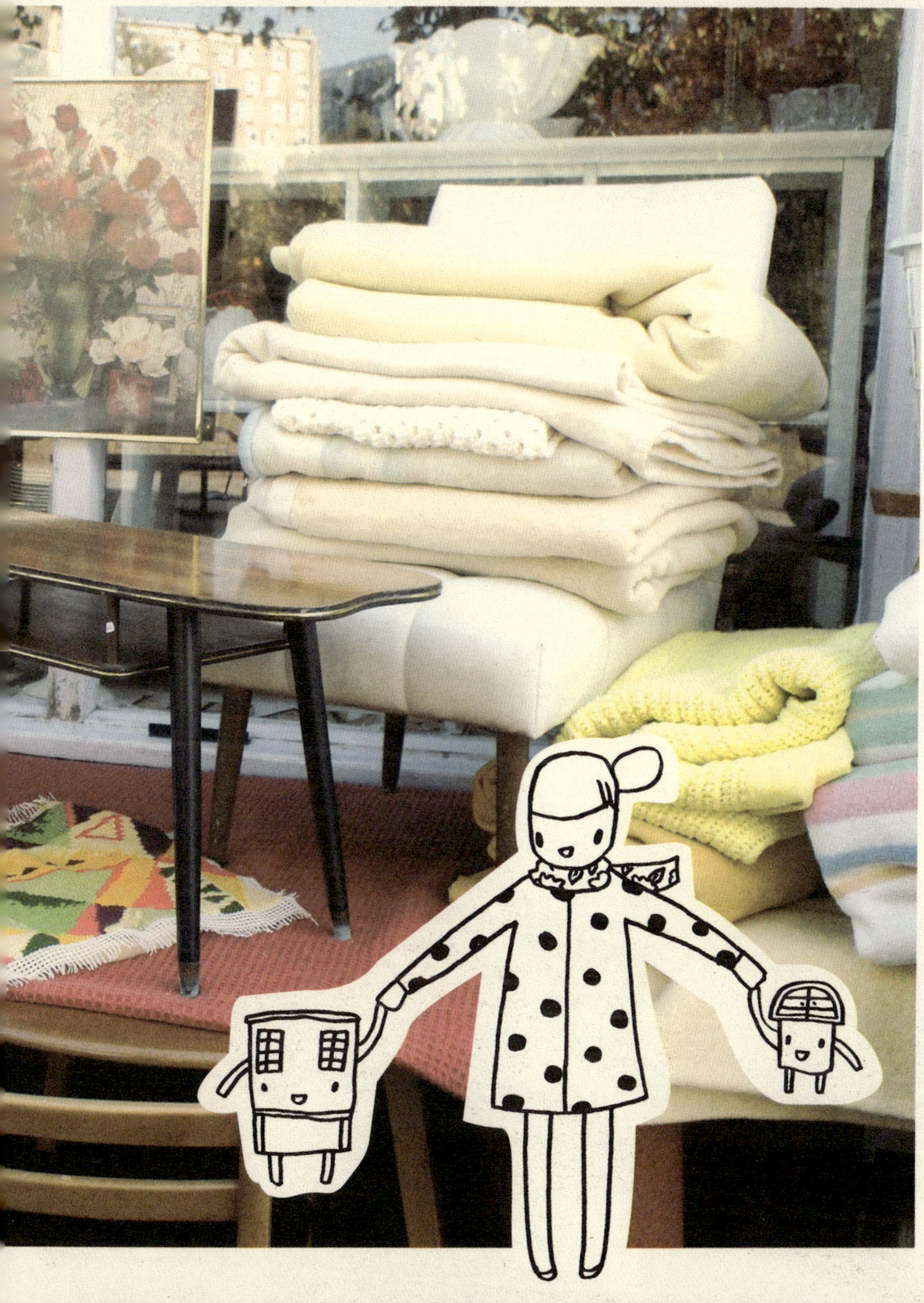